Langenscheidt

**Englische Grammatik –
kurz und schmerzlos**

Langenscheidt

Englische Grammatik –
kurz und schmerzlos

Von Dr. Sonia Brough
und Dr. Vincent Docherty

Langenscheidt

Berlin · München · Wien · Zürich · New York

Erläuterung der Sonderzeichen:

 = Tipp

 = Hilfe

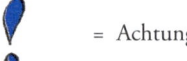 = Achtung

GB D = Unterschiedliche Regel bzw. unterschiedlicher Gebrauch
im Englischen und im Deutschen

Umwelthinweis: gedruckt auf chlorfrei gebleichtem Papier

Umschlaggestaltung: Independent Medien-Design
Zeichnungen im Innenteil: Marlene Pohle, Stuttgart
Lektorat: Marion Techmer, Ulrike Rudolph

© 2001 by Langenscheidt KG, Berlin und München
Druck: Druckhaus Langenscheidt, Berlin
Printed in Germany
ISBN 3-468-34945-9
www.langenscheidt.de

3. 4. 5. 6. 7. 07 06 05 04 03

Inhalt

Inhalt

Vorwort

Englische Grammatik kann Spaß machen! Das will Ihnen dieses Buch zeigen. So kurz und schmerzlos wie möglich werden Sie in die wichtigsten Gebiete der englischen Grammatik eingeführt. Deshalb ist es gar nicht erst Ziel des Buches, erschöpfend zu sein, denn das wäre höchstens für Sie erschöpfend.

Neu an der Konzeption dieser Grammatik ist der kommunikative Ansatz. Das heißt: Nicht die Regeln stehen im Vordergrund, sondern die Funktion der Sprache im Rahmen der Kommunikation: »<u>Was</u> teilt mir der Gesprächspartner <u>wie</u> mit?«

Dieses kleine Sprachtraining ist praxisbezogen, leicht verständlich und von unterhaltsamem Charakter, sodass Ihnen das Lernen nicht schwer fallen wird. Denn: Je interessanter oder ausgefallener die Situationen, desto leichter lassen sich die Regeln merken.

Um Ihnen das Lernen zu erleichtern, haben wir auch die Beispiele ins Deutsche übersetzt. Auf anschauliche Weise werden durch sie die grammatikalischen Regeln belegt, damit diese sich besser einprägen. Zur späteren Wiederholung oder Auffrischung können Sie dann die »Frosch-Technik« anwenden, indem Sie einfach von Regel zu Regel hüpfen.

Nehmen Sie sich besser nicht vor, das ganze Buch auf einmal zu verschlingen – das wäre trotz der lockeren Darbietungsform ein zu großer Brocken, der Ihnen schwer im Magen liegen und Ihre Motivation beeinträchtigen könnte. Versuchen Sie lieber, jeweils einen der kleinen appetitlichen Happen voll auszukosten – so kommen Sie sicher und ohne Verdauungsbeschwerden ans Ziel.

Wir wünschen Ihnen dabei viel Spaß und Erfolg!

Autoren und Verlag

1 Der Artikel
oder

Gegenstände und Personen bestimmen

Zu Beginn des Buches gleich etwas Erfreuliches: Es gibt Teile der englischen Grammatik, die lange nicht so kompliziert sind wie im Deutschen. Dazu gehören auch die so genannten Artikel:

the	*der, die, das* (usw.)	**a/an**	*ein, eine* (usw.)

(GB)(D) Während man nämlich im Deutschen jedes Wort gewissenhaft einer *der-*, *die-* oder *das*-Kategorie zuteilt, nehmen es die Engländer mit dem Geschlecht nicht so genau (es herrscht sozusagen die grammatische Gleichberechtigung). Das heißt, gleichgültig, ob ein Wort im Deutschen maskulin, feminin oder sächlich ist, im Englischen sagt man immer **the** (auch im Plural) für den bestimmten Artikel (»*der*«, »*die*«, »*das*«) bzw. **a/an** für den unbestimmten Artikel (»*ein*«, »*eine*«):

the train	*der Zug*	**the office**	*das Büro*
the world	*die Welt*	**the holidays**	*die Ferien*

a mirror	*ein Spiegel*	**an address**	*eine Adresse*
a road	*eine Straße*	**an egg**	*ein Ei*
a car	*ein Auto*	**an hour**	*eine Stunde*
an airport	*ein Flughafen*	**a university**	*eine Universität*

1.1 Der unbestimmte Artikel oder *Ein Mann, eine Frau*

Wann nimmt man aber **a** und wann **an**? Das hängt allein von der Aussprache des nachfolgenden Wortes ab:

■ Der unbestimmte Artikel **a** steht vor Wörtern, die in der Aussprache mit einem Konsonanten (Mitlaut wie **b, c, d, f**) beginnen:

a boy (ein Junge), **a girl** (ein Mädchen), aber auch **a uniform** ['juːnɪfɔːm] (eine Uniform).

■ **an** steht vor Wörtern, die in der Aussprache mit einem Vokal (Selbstlaut: **a, e, i, o, u**) anfangen:

an apple (ein Apfel), **an eye** (ein Auge), aber auch **an hour** ['aʊə] (eine Stunde).

Beim Gebrauch von **a/an** müssen wir allerdings ein bisschen aufpassen, denn diese kleinen Wörtchen werden zum Teil anders verwendet als »*ein*« (usw.) auf Deutsch. Wie generell in diesem Buch wollen wir uns aber hier nur auf das konzentrieren, was für Sie wirklich wichtig ist.

GB D Zunächst zeigen wir Ihnen, wo man den unbestimmten Artikel im Englischen verwendet, im Deutschen aber nicht:

I'm **a** plastic surgeon.	*Ich bin Schönheitschirurg.*
He's still **a** student.	*Er studiert noch.*
My cousin's **an** American.	*Mein Cousin ist Amerikaner.*
I used to be **a** Protestant.	*Ich war früher evangelisch.*

■ Bei Angaben zu Beruf, Beschäftigung, Staatsangehörigkeit und Konfession steht der unbestimmte Artikel **a/an.**

Und ein weiterer Unterschied:

The bananas are 95p **a** pound.	*Die Bananen kosten 95 Pence das Pfund.*
We must be doing almost 100 miles **an** hour!	*Wir fahren bestimmt fast 160 Stundenkilometer!*

We must be doing almost 100 miles an hour!

He calls me up about twenty times **a** day.	*Er ruft mich ungefähr zwanzig Mal am Tag an.*

■ Bei Angaben zu Preis, Geschwindigkeit, Häufigkeit usw. verwendet man im Englischen **a/an** für das deutsche »pro/je«, »in der/im« usw. **(twice a week)**.

■ Beachten Sie auch, wie es sich mit größeren Zahlen verhält:

a/one hundred	*hundert*
a/one thousand	*tausend*
a/one hundred and forty*	*hundertvierzig*
a/one thousand and one	*eintausendeins*

(GB)(D) Im Gegensatz zum Deutschen steht vor **hundred** und **thousand** der unbestimmte Artikel **a** oder, zur Betonung, **one**.

■ Andererseits gibt es auch Fälle, bei denen im Deutschen der unbestimmte Artikel stehen kann, im Englischen aber nicht:

I've got **news** for you.	*Ich habe eine Nachricht für Sie.*
I need **some information** fast!	*Ich brauche schnell eine Information!*

➤ Bei **information** *(Auskunft, Information)*, **news** *(Nachricht, Nachrichten)* und **advice** *(Ratschlag, Ratschläge)* steht nie **a/an**. Stattdessen nimmt man **some** bzw. bei Fragen und in der Verneinung **any*** oder auch gar nichts.

---

* Im amerikanischen Englisch meist ohne **and**
** Mehr darüber in Kapitel 23, ab Seite 159

Doppelt genäht hält besser! Aber dass die Engländer ihre Hosen, Scheren und Brillen immer paarweise kaufen, ist ein Gerücht. Es klingt nämlich nur so:

*He finally bought **a** new **pair of trousers** last week.*	*Letzte Woche hat er sich endlich eine neue Hose gekauft.*
*I think we need **some** stronger bathroom **scales**.*	*Ich glaube, wir brauchen eine strapazierfähigere Waage.*

■ Vor Wörtern wie den folgenden steht nicht einfach *a/an*, sondern *a pair of* (besonders beim Einkaufen), *some/any* oder auch gar nichts:

(a pair of) **trousers**	*eine Hose*
(a pair of) **jeans**	*(eine) Jeans*
(a pair of) **pyjamas**	*ein Schlafanzug*
(a pair of) **shorts**	*Shorts*
(a pair of) **swimming trunks**	*eine Badehose*
(a pair of) **pants**	*eine Unterhose*
(a pair of) **glasses**	*eine Brille*
(a pair of) **scissors**	*eine Schere*
(a pair of) **scales***	*eine Waage*

Was die Wortstellung betrifft, gibt es beim unbestimmten Artikel kaum Unterschiede in den beiden Sprachen. Ein paar kleine Ausnahmen sollte man sich jedoch merken:

half an hour**	*eine halbe Stunde*
quite a lot	*eine ziemliche Menge*

■ Der unbestimmte Artikel steht hinter *half* und *quite.*

* Erscheint gelegentlich auch im Singular: *a scale*
** Im amerikanischen Englisch auch *a half hour*

Und nun zwischendurch eine kleine Verdauungsübung:

ÜBUNG 1a	Setzen Sie in die Lücken, wo es möglich und sinnvoll ist, *a/an, some/any* bzw. *a pair of* ein:*

The bus to town was _____ half _____ hour late.

When I got to the department store[1], I went straight up to

_____ shop assistant[2] and said, "I need _____ advice.

I'm going on holiday tomorrow and I want to buy _____ shorts."

But all they had in my size[3] were _____ striped[4] pyjamas and

_____ woollen trousers. So I took the pyjamas, bought

_____ scissors on the next floor[5], and cut the pyjama legs off

above the knee. When I showed my wife she said, "They're very nice,

dear, but I've told you _____ hundred times you don't need

_____ shorts in Reykjavik in November."

[1]Kaufhaus   [2]Verkäufer(in)   [3]Größe   [4]gestreift   [5]Etage

1.2 Der bestimmte Artikel
oder *Der Mann, die Frau...*

GB D Auch beim Gebrauch von *the* gibt es einige wichtige Unterschiede zum Deutschen. Grundsätzlich kann man sagen, dass *the* im Englischen kein so gefragter Artikel ist wie sein deutsches Gegenstück:

History repeats itself.	*Die Geschichte wiederholt sich.*
Such is life.	*So ist das Leben.*

* Die hoch gestellten Ziffern in den Übungen verweisen auf Erklärungen zum Vokabular am Ende der Übungen. Die Lösungen zu den Übungen finden Sie im Anhang

■ Abstrakte Begriffe stehen im Englischen allgemein ohne **the:**

fear	*die Furcht*	**excitement**	*die Aufregung*
anger	*der Zorn*	**politics**	*die Politik*
love	*die Liebe*	**society**	*die Gesellschaft*
luck	*das Glück*	**man**	*der Mensch* usw.

Aber:

He knows nothing about **the history of England.**	*Er weiß nichts über die Geschichte Englands.*

(Gemeint ist hier eine ganz bestimmte Geschichte, nämlich die Englands, und nicht die Geschichte im Allgemeinen.)

The life I'm leading at the moment is getting me down.	*Das Leben, das ich momentan führe, macht mich fertig.*

(Gemeint ist nicht das Leben schlechthin, sondern das Leben, das er gerade führt.)

■ Wenn Begriffe wie **fear, life** usw. durch einen Zusatz eingeschränkt oder näher erläutert werden, verwendet man **the.**

Ähnlich sieht es auch in folgenden Fällen aus:

I can never get her **out of bed** in the mornings.	*Ich krieg sie morgens nie aus dem Bett.*
What did you do **at school** today?	*Was hast du heute in der Schule gemacht?*

■ Auch Wörter wie die folgenden stehen ohne **the**, wenn man sie sich allgemein als »Institution« oder »Einrichtung« vorstellt bzw. wenn ihre Funktion im Vordergrund steht:

school	*die Schule*	**church**	*die Kirche*
hospital*	*das Krankenhaus*	**bed**	*das Bett*
prison	*das Gefängnis*		

* Im amerikanischen Englisch wird der bestimmte Artikel **the** bei **hospital** immer verwendet

Also:

> **go to school/go to church** (als Schüler/Gläubiger), **in hospital/
> in prison/in bed** (als Patient/Gefangener/Schlafender) usw.

So auch hier:

He was taken **to hospital.**	*Er wurde ins Krankenhaus gebracht.*

(In welches Krankenhaus er gebracht wurde, ist unwichtig, es geht in
erster Linie darum, dass er ärztlich versorgt werden musste.)

Aber:

The hospital he's in isn't very good.	*Das Krankenhaus, in dem er liegt, ist nicht sehr gut.*

(Gemeint ist hier ein ganz bestimmtes Krankenhaus, im Gegensatz zu
anderen Krankenhäusern.)

Ähnlich auch:

I think **the** bed's going to collapse.	*Ich glaube, das Bett bricht gleich zusammen.*

(Hier geht es um den konkreten Gegenstand und nicht um das Bett als
»Schlafstätte«.)

Noch ein letztes Beispiel, um den Unterschied deutlich zu machen:

Where's Dad? – He's **at the school.**	*Wo ist Papi? – Er ist in der Schule.*

(z. B. in der Elternsprechstunde)

Wäre die Antwort: **He's at school** (ohne **the**), hieße es, der Papi drückt
wieder (oder immer noch!) die Schulbank oder aber er ist Lehrer.

Sehen wir jetzt einmal, was es mit der restlichen Familie und den Freunden auf sich hat:

Grandma's in the shower.	*(Die) Oma ist unter der Dusche.*
Peter's playing football in his room.	*(Der) Peter spielt in seinem Zimmer Fußball.*
Poor **Mrs Jones!**	*Die arme Mrs. Jones!*

Aber:

The Walkers are away on a hiking holiday.	*Die Walkers sind auf Wander-urlaub.*

 Namen von einzelnen Personen sowie Verwandtschafts-bezeichnungen stehen ohne **the** (Sean, Mum).

Im Plural nimmt man wie im Deutschen den bestimmten Artikel **(the Gibsons)**.

■ Ähnlich verhält es sich bei Länder- und Straßennamen sowie Namen von Gebäuden, Parks usw.:

I come from **Switzerland.**	*Ich komme aus der Schweiz.*
Last year we went to **Turkey** for the sixth time.	*Letztes Jahr fuhren wir zum sechsten Mal in die Türkei.*
We found him outside **Buckingham Palace.**	*Wir haben ihn vor dem Buckingham-Palast gefunden.*

Länder-, Straßen- und Gebäudenamen usw. im Singular haben allge-mein keinen bestimmten Artikel.

Bei Namen im Plural steht wie im Deutschen der Artikel: **the Philippines** *(die Philippinen).*

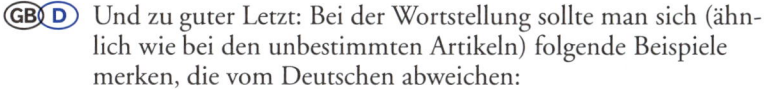 Und zu guter Letzt: Bei der Wortstellung sollte man sich (ähn-lich wie bei den unbestimmten Artikeln) folgende Beispiele merken, die vom Deutschen abweichen:

> **Half the time** she's asleep.   *Sie schläft die halbe Zeit.*
> Strangely enough, **all the**   *Komischerweise sind die ganzen*
> **cheques** bounced.   *Schecks geplatzt.*
> He's lost **both (the) tickets**.   *Er hat beide Tickets / die beiden*
>   *Tickets verloren.*

the steht hinter **half, all** und **both**.

Wie gesagt, doppelt genäht hält besser: Deswegen zum Schluss ein zweiter kleiner Test.

ÜBUNG 1b   Setzen Sie, wo notwendig, den bestimmten Artikel ein:

My friend Emil from _____ Switzerland hates _____

work. He spends _____ half _____ day in

_____ bed and the other half playing the piano, which drives

_____ all _____ neighbours crazy[1]. But for him

_____ music and _____ rest are the most important

things in _____ life.

After going through _____ hell[2] for a year, the neighbours were

pleased to hear last night that _____ Emil had broken both his

arms in a football match at _____ school down the road. They

have sent him a card telling him that they will look after _____

both _____ plants on his piano and that he should have a

good, long rest in _____ hospital.

---

[1] *drive crazy* = verrückt machen   [2] Hölle

2 Das Substantiv
oder
Gegenstände und Personen benennen

Meet my wives: Ayesha, Suleika, Mìriam …

Wir wollen das Kind beim rechten Namen nennen. Aber nicht nur das Kind. Und für solche Fälle benötigen wir Substantive.

Substantive (oder Hauptwörter, auch Nomen genannt) erlauben es uns, den Menschen, Tieren, Dingen und Begriffen ihren Namen zu geben.

2.1 Die Schreibweisen oder *Groß oder klein?*

GB D Der wichtigste Unterschied zum Deutschen gleich vorweg: Das englische Substantiv wird in der Regel klein geschrieben – **hotel** (*Hotel*), **food** (*Essen*) usw. Gelegentlich gibt es jedoch auch die Großschreibung, die aber dann generell mit der deutschen übereinstimmt:

Eigennamen, Titel:
Tony, Mrs Miller, Dr Peter Evans

Wochentage, Monate:
Thursday, December

Historische Bezeichnungen:
Magna Carta, the Battle of Waterloo

Feste, religiöse Bezeichnungen:
Christmas Day, Easter, Christianity, Hinduism, Jew, Moslem, Buddhist, the Bible

Länder, Orte:
Austria, Asia, Timbuktu

Institutionen, Organisationen:
the Royal Automobile Club, the Open University

Überschriften, Buch- und Filmtitel:
One Flew over the Cuckoo's Nest, Mission Impossible

Auch das Fürwort *I* (= *ich*) wird im Englischen immer groß geschrieben. Man macht eben keinen Hehl daraus, wer die Nummer Eins ist!

2.2 Das Genus
oder Der kleine Unterschied

Mit dem Geschlecht (Genus) der Substantive nehmen es die Engländer, wie wir gerade im ersten Kapitel gesehen haben, meist nicht so genau wie die Deutschen. Da es aber auch in England Frauen und Männer, Prinzen und Prinzessinnen gibt, hielt man es für sinnvoll, in einigen Fällen doch auf den kleinen Unterschied hinzuweisen:

Maskulin		Feminin	
prince	*Prinz*	**princess**	*Prinzessin*
actor	*Schauspieler*	**actress***	*Schauspielerin*
waiter	*Kellner, »Ober«*	**waitress**	*Kellnerin, »Fräulein«*
boyfriend	*Freund*	**girlfriend**	*Freundin*
superman	*Supermann*	**superwoman**	*Superfrau*

Allgemein jedoch wird das gleiche Wort für beide Geschlechter verwendet. Nur zur Betonung oder um Missverständnisse zu vermeiden, setzt man bei den Damen *lady, female* bzw. *woman* voran:

doctor	*Arzt*	**(woman/lady) doctor**	*Ärztin*
teacher	*Lehrer*	**(woman) teacher**	*Lehrerin*
cousin	*Cousin*	**(female) cousin**	*Cousine*
student	*Student*	**(female) student**	*Studentin*

Umgekehrt geht es inzwischen aber auch:

Feminin		Maskulin	
model	*Mannequin*	**(male) model**	*Dressman*
midwife	*Geburtshelferin*	**(male) midwife**	*Geburtshelfer*

* Zunehmend jedoch **actor** auch für *»Schauspielerin«*

2.3 Der Plural
oder Mehr als eins

Und weiter geht's mit der Bildung der Mehrzahl (Plural). Auch sie ist nicht so kompliziert wie im Deutschen, doch auch nicht ganz ohne Tücken.

Singular		Plural	
book	*Buch*	**books**	*Bücher*
pencil	*Bleistift*	**pencils**	*Bleistifte*
plane	*Flugzeug*	**planes**	*Flugzeuge*

■ Der Plural des Substantivs wird in den meisten Fällen durch Anhängen von **-s** an den Singular gebildet.

Aber:

bus	*Bus*	**buses**	*Busse*
dress	*Kleid*	**dresses**	*Kleider*
wish	*Wunsch*	**wishes**	*Wünsche*
sandwich	*Sandwich*	**sandwiches**	*Sandwich(e)s*
tax	*Steuer*	**taxes**	*Steuern*

■ Bei Substantiven, die auf **-s, -ss, -sh** oder **-x** enden, bildet man den Plural durch Anhängen von **-es** an den Singular.

lady	*Dame*	**ladies**	*Damen*
hobby	*Hobby*	**hobbies**	*Hobbys*
day	*Tag*	**days**	*Tage*

■ Bei Substantiven, die mit **-y** nach einem Konsonanten (**p, b, d** usw.) enden, wird aus dem **-y** im Singular **-ies** im Plural.

■ Bei End-**y** nach einem Vokal (**a, e, i, o, u**) wird einfach ein **-s** angehängt (**day → days**).

Folgende unregelmäßige Pluralbildungen lernt man am besten auswendig (unbekannte Wörter sollten Sie in einem Wörterbuch nachschlagen):

wife/wives, life/lives, knife/knives, half/halves, calf/calves, shelf/ shelves, leaf/leaves, thief/thieves, wolf/wolves, loaf/loaves, scarf/ scarves (oder **scarfs**)

tomato/tomatoes, potato/potatoes, hero/heroes

man/men, Englishman/Englishmen, Dutchman/Dutchmen (aber: **German/Germans!**), **woman/women** (beachten Sie hier die Aussprache: ['wʊmən/'wɪmɪn])

foot/feet, tooth/teeth; mouse/mice

sheep/sheep, deer/deer, salmon/salmon, fish/fish*, Swiss/Swiss, Japanese/Japanese

mother-in-law/mothers-in-law usw., **passerby/passersby, runner-up/ runners-up; woman driver/women drivers**

child/children ['tʃɪldrən]

Mit **pyjamas, glasses, scissors** und dergleichen haben wir schon in Kapitel 1 Bekanntschaft gemacht. Sie gehören zu den Substantiven, die nur im Plural erscheinen:

These new **trousers are** a bit tight.	*Diese neue Hose ist ein bisschen eng.*
I think he needs **glasses.**	*Ich glaube, er braucht eine Brille.*

■ Folgende Wörter stehen immer im Plural:

trousers	*Hose*	**scissors**	*Schere*
jeans	*Jeans*	**glasses**	*Brille*
pyjamas	*Schlafanzug*	**clothes**	*Kleidung*
swimming trunks	*Badehose*	**outskirts**	*Stadtrand*
pants	*Unterhose*	**thanks**	*Dank*

* Den Plural **fishes** gibt es auch; diese Form ist aber nicht sehr gebräuchlich

police *(= Polizei)* wird ebenfalls als Plural verstanden *(The police* **have** *caught the man).*

Damit das Gleichgewicht schnell wiederhergestellt wird, gibt es dann die Wörter, die keinen Plural bilden können (hiervon haben wir ebenfalls in Kapitel 1 schon einige kennen gelernt):

This **information** is highly confidential.	*Diese Informationen sind streng vertraulich.*

■ Folgende Wörter stehen nie im Plural:

information	*Information, Informationen*
advice	*Rat, Ratschlag, Ratschläge*
knowledge	*Kenntnis, Kenntnisse, Wissen*
progress	*Fortschritt, Fortschritte*
furniture	*Möbel*

 news *(= Nachricht, Nachrichten)* wird ebenfalls als Singular behandelt *(The news* **wasn't** *very good).*

hair (Singular) bedeutet »Haare«; **hairs** (Plural) wird nur gebraucht, wenn es um einzelne Haare geht *(I've only got* **three hairs** *on my chest).*

Und noch eine englische Besonderheit:

Our darts team **is/are** the best in the country.	*Unsere Dartsmannschaft ist die beste im Land.*

■ Folgende Gruppenbezeichnungen gelten als Singular oder Plural, je nachdem, ob man sich die Gruppe eher als Einheit vorstellt (Singular) oder an die einzelnen Personen/Mitglieder denkt (Plural):

team	*Mannschaft*	**crowd**	*Publikum, Menge*
party	*Partei*	**government**	*Regierung*
class	*Klasse*	**public**	*Öffentlichkeit*
family	*Familie*	**army**	*Armee*
committee	*Komitee*	**group**	*Gruppe*

Ein letzter Unterschied zwischen Deutsch und Englisch im Gebrauch des Plurals:

All I got for my masterpiece was **twenty pounds!**	*Für mein Meisterwerk hab ich bloß zwanzig Pfund gekriegt!*

GB D Preise, Gewichte und Maßangaben stehen im Gegensatz zum Deutschen generell im Plural.

2.4 Der Genitiv oder *Besitz anzeigen*

Und noch ein Wort zum Genitiv (Besitzfall) im Englischen. Hier unterscheidet man zwischen a) Menschen und Tieren und b) Dingen:

1 The **boy's** father is a ventriloquist.	*Der Vater des Jungen ist Bauchredner.*
2 That **dog's** expression reminds me of you when you're angry.	*Der Gesichtsausdruck des Hundes erinnert mich an dich, wenn du wütend bist.*
3 Our **neighbours'** new car isn't as nice as ours.	*Der neue Wagen unserer Nachbarn ist nicht so schön wie unserer.*
4 I love that old house at the **end of the road.**	*Ich bin ganz verliebt in das alte Haus am Ende der Straße.*

- Um den Genitiv zu bilden, fügt man bei Menschen und Tieren im Singular ein *-'s* an (**1**, **2**).

- Im Plural wird *-s'* angehängt (**3**).

- Bei Dingen setzt man *of* voran (**4**).

Auch bei Angaben wie den folgenden nimmt man *of:*

a tin of beans	*eine Büchse/Dose Bohnen*
a box of chocolates	*eine Schachtel Pralinen*
a pile of newspapers	*ein Haufen Zeitungen*
a packet of cigarettes	*eine Schachtel Zigaretten*

Aber:

a dozen eggs	*ein Dutzend Eier*

Nun dürfen Sie das, was Sie gelernt haben, wieder in einem Test anwenden.

ÜBUNG 2 Setzen Sie in folgender Geschichte die richtigen Wörter in die Lücken ein. Dabei müssen Sie auch darauf achten, ob die englischen Substantive im Singular oder Plural verwendet werden.

My family _____ (sein) *rather large, but we all live together*

in the same house. One _____ (Sonntag) *afternoon last*

_____ (Februar), *Jeremy – one of my*

_____ (Schwager) *– came into the kitchen while*

I was peeling the _____ (Kartoffeln) *for supper, took one and*

said: "I've got _____ (eine Neuigkeit) *for you, Frank. The*

_____ (Japaner) *have developed some fantastic new contact*

lenses for people who are shortsighted and colour-blind like you. You

can throw away your _____ (Brille) *at last! By the way, these*

are good – are we having apple pie tonight?"

The next day I decided to go and see my eye specialist, who lives on

the _____ (Rand) *of town, to ask for her* _____ (Rat).

She is a very popular _____ (Ärztin) *and, as usual, the*

waiting-room was full of _____ (Frauen) *and screaming*

_____ (Kinder). *When I was finally called in, I walked into*

some of the _____ (Möbel) *and equipment[1] before sitting*

---

[1] Geräte

down in the doctor's chair. But Dr Speck's _____ (Kennt-
nisse) *of eye problems* _____ (sein) *amazing[1], and she gave
me a pile of brochures with lots of* _____ (Informationen)
*on the latest contact lenses. I had started reading them on the way out
when I hit my head on the door and fell backwards into the*
_____ (Arme der Ärztin). *When I looked up, I saw
Dr Speck's true face for the first time – as if by some miracle[2] I had lost
my shortsightedness and colour-blindness. My eye specialist had
friendly blue* _____ (Augen), *perfectly straight* _____
(Zähne), *lovely curly* _____ (Haare) *and – a bushy black
moustache[3].*

[1] erstaunlich   [2] Wunder   [3] Schnurrbart

3 Die Pronomen
oder

Ich, die anderen und meine Umwelt

You can say you to me!

»Pronomen – was sind denn das für Wörter?«
»Na, die Fürwörter!«
»Was für Wörter?«
»Ganz einfach – es sind kleine Wörter, die für andere Wörter stehen.«

Und um diese geht es uns hier.

3.1 Die Personalpronomen
oder *Du oder ich?*

Als Erstes zeigen wir Ihnen in der folgenden Tabelle die wichtigsten
persönlichen Pronomen:

I	ich		**me**	mich / mir
you	du; Sie		**you**	dich / dir; Sie / Ihnen
he	er		**him**	ihn / ihm
she	sie		**her**	sie / ihr
it	es; er; sie		**it**	es / ihm; ihn / ihm; sie / ihr
we	wir		**us**	uns
you	ihr; Sie		**you**	euch; Sie / Ihnen
they	sie (Plural)		**them**	sie / ihnen

Sehen wir uns jetzt einige dieser Personalpronomen in ganzen Sätzen
an – da tauchen dann schnell ein paar Unterschiede zum deutschen
Gebrauch auf:

1 What's your goat called?
– **He**'s called William.

Wie heißt dein Ziegenbock?
– Er heißt William.

2 They were annoying the parrot,
so **it** told them to get lost.

Sie haben den Papagei geärgert,
da sagte er, sie sollen verschwinden.

3 I can't find that bill anywhere.
You haven't thrown **it** away,
have you?

Ich finde die Rechnung nirgends.
Du hast sie doch nicht weg-
geworfen, oder?

4 D'you like my new Ferrari?
Isn't **she** a beauty?

Gefällt dir mein neuer Ferrari?
Ist er nicht wunderschön?

- Nur bei Menschen und Haustieren unterscheidet man bei den
  Pronomen nach dem Geschlecht *(he/she)* (**1**).

- Tiere, zu denen man keine engere Beziehung hat, werden meistens als
  Neutrum betrachtet *(it)* (**2**).

- Dinge und Begriffe sind normalerweise sächlich (**3**).

- Allerdings betrachtet manch einer sein Auto oder Boot gern als
  feminin … (**4**)

Wie dem auch sei, es bleibt die Frage: Wohin mit den Pronomen? Bei der Wortstellung bieten sich im Englischen immer zwei Möglichkeiten an:

She gave the beggar the false banknote.	*Sie gab dem Bettler den falschen Geldschein.*
She gave the false banknote **to** the beggar.	*Sie gab den falschen Geldschein dem Bettler.*
She gave **him it**.	
She gave **it to him**.	*Sie gab ihn ihm.*

Nun aber wieder etwas, das im Englischen wesentlich einfacher ist als im Deutschen:

3.2 Die Possessivpronomen
oder *Mein Haus, mein Auto...*

My uncle and both **my** aunts are playing ludo with **your** grandmother.	*Mein Onkel und mein̲e̲ beiden Tanten spielen mit dein̲e̲r̲ Großmutter Mensch-ärgere-dich-nicht.*

(GB) (D) Die Possessivpronomen (***my, your*** usw.) sind im Englischen unveränderlich. Das heißt: Egal, ob man z. B. mein, meine, meinem, meiner, meines usw. (Singular oder Plural) ausdrücken will, im Englischen heißt es immer ***my***.

Hier eine Übersicht.

my	*mein(e, -er, -es* usw.*)*	**its**	*sein* usw.; *ihr* usw.
your	*dein* usw.; *Ihr* usw.	**our**	*unser* usw.
his	*sein* usw.	**your**	*euer* usw.; *Ihr* usw.
her	*ihr* usw.	**their**	*ihr* (Plural) usw.

3.3 Die substantivischen Pronomen
oder *Alles meins!*

Man kennt ja den Typ – das ist meins, dies ist auch meins … besitz-
ergreifend nennt man das. Für ihn sind sämtliche Possessivpronomen
unentbehrlich, deswegen muss er sich noch ein paar merken:

That's **my gin and tonic.**	*Das ist mein Gin-Tonic.*
– No it's not, it's **mine.**	*– Nein, es ist meiner / er gehört mir.*
Is this **your toupee?**	*Ist dies Ihr Toupet?*
Excuse me, is this **yours?**	*Pardon, ist dies Ihres / gehört das Ihnen?*

(GB)(D) Auch hier gilt:
Die substantivischen Pronomen (**mine, yours** usw.) sind im
Englischen unveränderlich.

Und die Übersicht:

mine	*meins, meine(r)* usw.	**its**	*seins* usw.; *ihrs* usw.
yours	*deins* usw.; *Ihrs* usw.	**ours**	*unsers* usw.
his	*seins* usw.	**yours**	*euers* usw.; *Ihrs* usw.
hers	*ihrs* usw.	**theirs**	*ihrs* (Plural) usw.

Dann hätten wir noch eine wichtige Gruppe:

3.4 Die Reflexivpronomen
oder *Ich freue mich…*

Our shoes were so shiny that **we** could see **ourselves** in them.	*Unsere Schuhe glänzten so sehr, dass wir uns darin sehen konnten.*
Help **yourselves!**	*Bedient euch!*
I could kick **myself.**	*Ich könnte mich in den Hintern treten.*

Die Reflexivpronomen (**myself, yourself** usw.) entsprechen dem
deutschen »mich/mir«, »dich/dir« usw.

Die Übersicht über die Reflexivpronomen:

I	*could hurt* **myself.**	*(Ich könnte mir wehtun.)*
You	*could hurt* **yourself.**	
He	*could hurt* **himself.**	
She	*could hurt* **herself.**	
It	*could hurt* **itself.**	
We	*could hurt* **ourselves.**	
You	*could hurt* **yourselves.**	*(Ihr … euch …)*
They	*could hurt* **themselves.**	

GB D Dann gibt es aber einige Fälle, in denen das Reflexivpronomen im Deutschen erscheint, im Englischen jedoch nicht:

We're really **looking forward** *to the barbecue.*	*Wir freuen uns riesig auf die Grillparty.*
I can hardly **move** *after all that exercise.*	*Ich kann mich nach all der Gymnastik kaum bewegen.*

Hier einige der wichtigsten Verben dieser Art:

look forward to	*sich freuen auf*
change	*sich ändern*
hurry up	*sich beeilen*
meet	*sich treffen*
be interested in	*sich interessieren für*
remember	*sich erinnern (an)*
move	*sich bewegen*
get dressed	*sich anziehen*
get annoyed	*sich ärgern*
concentrate	*sich konzentrieren*

Im Zweifelsfall nehmen Sie am besten ein Wörterbuch zu Hilfe.
Hier heißt es aber: *Do-it-yourself!* Selbst ist der Mann – und natürlich
auch die Frau:

Did she really write this **herself**?	*Hat sie das wirklich selbst geschrieben?*
We were quite embarrassed **ourselves**.	*Es war uns selbst ganz peinlich.*
I can cook **myself**.	*Ich kann selbst kochen.*

(Dieser Satz könnte auch heißen »*Ich kann mich selbst kochen*«, was
jedoch unwahrscheinlich wäre.)

GB D Die Reflexivpronomen entsprechen auch dem deutschen »*selbst*«
bzw. »*selber*«. Sie stehen meistens am Ende des Satzes oder, wie
im Deutschen, direkt hinter dem hervorgehobenen Wort.

Bei folgenden Sätzen heißt es wieder aufpassen:

We always help **each other/ one another** *with the crossword.*	*Wir helfen uns immer (gegenseitig) mit dem Kreuzworträtsel.*
They're screaming at **each other** *again.*	*Sie schreien sich wieder (gegenseitig) an.*

Wenn man dem Reflexivpronomen »*sich*« im Deutschen »*gegenseitig*« hinzufügen kann, nimmt man im Englischen **each other**
oder (besonders bei mehr als zwei Personen) **one another**.

■ Eine letzte Besonderheit bilden die Präpositionen des Ortes wie **behind**
(hinter), **in front of** *(vor)* usw.:

He never shuts the door **behind him**.	*Er macht die Tür nie hinter sich zu.*

Nach Ortspräpositionen kommen im Englischen meistens die
Personalpronomen **me, them** usw.

He never shuts the door behind him

3.5 Die Fragepronomen
oder *Wer denn, wo denn, was denn?*

Was nun, wenn wir um Auskunft bitten? Welche Pronomen kommen da infrage? Wer sich die fett gedruckten Wörter genauer ansieht, der weiß schon, worum es hier geht:

Who hasn't done the washing up yet this week?	*Wer hat diese Woche noch nicht abgespült?*
Who's he brought with him this time?	*Wen hat er diesmal mitgeschleppt?*
Whose football is this?	*Wessen Fußball ist dies?*
(Oder: **Who** does this football belong **to**?)	Oder: *Wem gehört dieser Fußball?*
Who did you get that fur coat **from**?	*Von wem hast du den Pelzmantel?*

Die Fragepronomen bei Personen lauten:

Nominativ (wer)	Akkusativ (wen)	Genitiv (wessen)	Präpositionsfall (wem)
who	who (seltener:) whom	whose	who ... to, from usw. (seltener:) whom ... to, from usw. to, from usw. whom

Bei Dingen lauten die Fragepronomen *what* und *which:*

What colour did you paint the living room this time?	*Welche Farbe hast du diesmal fürs Wohnzimmer genommen?*
What shall we have for lunch today?	*Was sollen wir heute zu Mittag essen?*
Which one did you like best?	*Welche(r, -s) hat dir am besten gefallen?*

- Mit *what* fragt man meistens ganz allgemein.

- Mit *which* fragt man nach einer Sache oder Person aus einer bestimmten Reihe oder Gruppe.

3.6   Die Demonstrativpronomen oder *Dieses und jenes...*

Jeder hat das Recht zu demonstrieren, aber die Demonstrativpronomen haben gleich einen Beruf daraus gemacht. Ihre Aufgabe besteht darin, ganz gezielt die Aufmerksamkeit auf bestimmte Dinge zu lenken:

Is **this** your car?	*Ist das Ihr Auto?*
That dog doesn't seem to like you.	*Der Hund da scheint dich nicht zu mögen.*
These are my two sons, Oliver and Stan.	*Dies sind meine beiden Söhne, Oliver und Stan.*
Why are all **those** people staring at me?	*Warum starren mich die ganzen Leute dort an?*

- **this** (Singular) und **these** (Plural) deuten meistens auf etwas näher Liegendes, auch im zeitlichen Sinn.

- **that** (Singular) und **those** (Plural) deuten meistens auf etwas ferner Liegendes, auch im zeitlichen Sinn.

Wir haben's geschafft. Um diese wahrhafte Fülle an Stoff zu festigen, gibt es wie üblich eine Übung, die diesmal entsprechend umfangreich ausgefallen ist.

ÜBUNG 3 | **Setzen Sie im folgenden Text die richtigen Pronomen in die Lücken (in ein paar Fällen sind zwei Antworten möglich).**

Jack: _____ (welche) *is your yacht then?*

John: That's _____ (sie) *over there.* _____ (mein)

Uncle Bill gave _____ (sie) *to* _____ (mir) *a few*

months ago. _____ (er) *was a keen¹ sailor until* _____

(er) *fell in love with a seasick waitress. The only problem is, he made*

_____ (mich) *promise to take* _____ (seine) *two dogs,*

Esmerelda and Spot, with _____ (mir) *whenever I go sailing.*

I can see _____ (sie) *sitting on the deck now, waiting for*

_____ (mich). *Two weeks ago we even took part in a regatta.*

We were really enjoying _____ (uns) *until a big blue yacht*

started overtaking² _____ (uns) *close by.*

Esmerelda got so upset³ that _____ (sie) *jumped onto the*

yacht before I could stop _____ (sie). *Spot jumped after*

_____ (ihr), *and together* _____ (sie) *managed to*

knock one of the yachtsmen overboard. When I looked over the railing to

---

¹begeistert   ²*overtake* = überholen   ³*get upset* = sich aufregen

see whether he had hurt _____ (sich), I was horrified[1] to see
my boss, Mr Drake, splashing about in the water. It was a Monday
afternoon and both of _____ (uns) should have been at work.
When he saw _____ (mich) he was shocked _____
(selbst). We just grinned at _____ (uns) in
embarrassment[2], and all he said was, "Nice dogs. Are they
_____ (Ihre)?"
Back at the office the next day, he offered _____ (mir) a job at
_____ (unserer) Hong Kong branch[3] – he said he thought the
two "seadogs"[4] would also enjoy fresh waters ...

[1] entsetzt   [2] verlegen   [3] Zweigstelle   [4] Seebären

4 Das Adjektiv
oder
Personen und Sachen charakterisieren

Was wäre die Welt ohne Adjektive? Buchstäblich nicht zu beschreiben, denn diese Wörter ermöglichen es uns erst, zu vermitteln, was wir so alles sehen, erleben oder empfinden in unserer farbigen Welt.
Die Adjektive benutzen wir, um Personen und Sachen näher zu beschreiben.

Aber zu bunt wollen wir es in diesem Kapitel nicht treiben, sondern Ihnen eine knappe Einführung in diese Wortart bieten, damit Sie's mal schwarz auf weiß haben.

GB D Im Englischen haben wir das Glück, dass das Adjektiv in seiner Grundform immer gleich bleibt, gleichgültig, ob es sich auf Mann oder Frau, Singular oder Plural bezieht:

a **fat** man	*ein dicker Mann*
an **impatient** woman	*eine ungeduldige Frau*
a **hopeless** case	*ein hoffnungsloser Fall*
Those **cheeky** kids!	*Diese frechen Kinder!*

In unserem Zeitalter der Superlative sollte man aber auch sagen können, welcher der schnellste Computer ist, welches das bestverdienende Supermodel usw. Wie geht das auf Englisch?

4.1 Die Steigerung der Adjektive
oder *Je früher, desto besser*

Positiv	Komparativ	Superlativ
1 **long** *lang(e, -er, -es)*	**longer** *länger(e, -er, -es)*	**longest** *längste(r, -s) / am längsten*
2 **deep**	**deeper**	**deepest**
3 **big**	**bigger**	**biggest**
4 **thin**	**thinner**	**thinnest**
5 **nice**	**nicer**	**nicest**

■ Einsilbige* Adjektive werden mit *-er/-est* gesteigert (**1**, **2**).

■ Ein einzelner Endkonsonant (*b, d, g* usw.) nach einem kurzen Vokal (*a, e, i, o, u*) wird verdoppelt (**3**, **4**).

■ An ein stummes End-*e* wird *-r/-st* gehängt (**5**).

* Die Silben erkennt man an der Aussprache: *nice* [naɪs] hat eine Silbe, *happy* ['hæpɪ] hat zwei

Dann können wir auch gleich weitermachen mit den zweisilbigen Adjektiven:

6	**clever**	**cleverer**	**cleverest**
7	**simple**	**simpler**	**simplest**
8	**narrow**	**narrower**	**narrowest**
9	**funny**	**funnier**	**funniest**
10	**lazy**	**lazier**	**laziest**

■ Zweisilbige Adjektive, die auf **-er, -le, -ow** oder **-y** enden, werden auch mit **-er/-est** gesteigert (**6** – **10**). Dabei wird ein **-y** am Ende zu **-i-** (**9**, **10**).

Eine Ausnahme bildet **eager:**

eager	**more eager**	**most eager**

Wie verhält es sich nun mit den anderen Adjektiven? Hier müssen wir, wie gerade schon bei **eager**, die Wörter **more** und **most** zu Hilfe nehmen. Das bedeutet aber, dass wir uns über die Endungen der Adjektive keine Gedanken mehr zu machen brauchen:

11	**helpful**	**more helpful**	**most helpful**
12	**stupid**	**more stupid**	**most stupid**
13	**difficult**	**more difficult**	**most difficult**
14	**incredible**	**more incredible**	**most incredible**
15	**bored**	**more bored**	**most bored**
16	**exhausted**	**more exhausted**	**most exhausted**

more und **most** werden zur Steigerung folgender Gruppen von Adjektiven verwendet:

■ zweisilbige Adjektive, die nicht auf **-er, -le, -ow** oder **-y** enden (**11**, **12**);

■ drei- und mehrsilbige Adjektive (**13**, **14**);

■ Adjektive (auch einsilbige), die auf **-ing** oder **-ed** enden (**15**, **16**); (diese stammen ursprünglich von Verben: vgl. deutsch »erschöpfend« und »erschöpft« von »erschöpfen«).

Dann gibt es einige Adjektive, die sich beider Steigerungsmöglichkeiten bedienen können. Die geläufigsten unter ihnen: **handsome, polite, quiet** und **wicked**. Da kann man wenigstens nichts falsch machen, im Gegensatz zu den unregelmäßigen Adjektiven, die durchaus Spielraum für Fehler bieten.

Hier hilft leider nur auswendig lernen:

bad	*schlecht*	**worse**	**worst**
good	*gut*	**better**	**best**
much	*viel*	**more**	**most**
many	*viele*	**more**	**most**
little	*wenig*	**less**	**least**
little*	*klein*	**smaller**	**smallest**
far	*weit*	**further**	**furthest**
		(auch **farther**)	(auch **farthest**)

Nun aber zu den typischen Fehlerquellen:

Your mother's much **prettier than** your sister.	*Deine Mutter ist viel hübscher als deine Schwester.*

 als beim Komparativ = **than** (nie **as!**)

He's not **as** stupid **as** he looks.	*Er ist nicht so dumm, wie er aussieht.*

■ *so ... wie* = **as ... as**

The older she gets, **the younger** her boyfriends are.	*Je älter sie wird, desto jünger sind ihre Freunde.*
The **more expensive** the hairdo, **the more ridiculous** he looks.	*Je teurer die Frisur, desto unmöglicher sieht er aus.*

* **little** in der Bedeutung von »klein« erscheint generell nur vor dem Substantiv: **a little** (oder **small**) **dog**, aber: **That dog is very small.**

■ *je … desto* = **the** + Komparativ … **the** + Komparativ
  (the bigger … the more difficult)

You're getting **paler** and **paler**.	*Du wirst immer blasser.*
Things were getting **more and more interesting**.	*Es wurde immer spannender.*

■ *immer »-er«* = **-er and -er/more and more …**

The cruise was **less tiring** than I had expected.	*Die Kreuzfahrt war weniger anstrengend, als ich erwartet hatte.*

■ *weniger* + Adjektiv = **less** + Adjektiv

4.2 Das Adjektiv als Substantiv
oder *Die Armen und die Reichen*

Something has to be done for **the homeless**.	*Es muss etwas für die Obdachlosen getan werden.*
I get on very well with **the Irish**.	*Ich versteh mich mit den Iren sehr gut.*

GB D Im Englischen können manche Adjektive (darunter viele der Nationalitätsbezeichnungen) als Substantive verwendet werden, aber nur im Plural, mit **the** und ohne **-s** am Ende:

the rich	*die (= alle) Reichen*
the unemployed	*die Arbeitslosen*
the handicapped	*die Behinderten* usw.
the English	*die Engländer*
the French	*die Franzosen* usw.

Im Singular fügt man **boy, girl, man, woman** usw. hinzu:

I think that **blind man** is a fraud.	*Ich halte den Blinden da für einen Schwindler.*

Dann sind einige Adjektive zu »echten« Substantiven geworden (mit **-s** im Plural) – so z. B. **blacks, whites, Liberals** usw. Dazu gehören auch manche Völkernamen auf **-an: Germans, Austrians** usw. Diese lernt man am besten als Vokabeln.

Es wird ja als schlechter Stil angesehen, wenn man sich ständig wiederholt. Da gibt es aber auch im Englischen einen Ausweg:

If you lose that umbrella, I'm not going to buy you another **one.** I don't really like these biscuits – haven't you got any better **ones?**	*Wenn du den Regenschirm verlierst, kauf ich dir keinen neuen. Diese Kekse schmecken mir nicht – haben Sie keine besseren?*

Wenn ein (zählbares) Substantiv nicht wiederholt werden soll, muss im Englischen das so genannte Stützwort **one** (Singular) bzw. **ones** (Plural) an seiner Stelle stehen.

ÜBUNG 4   Diesmal sollen Sie versuchen, folgende Sätze ins Englische zu übersetzen, damit die Adjektive auch wirklich »sitzen«:

1. *Welches Auto sollen wir nehmen – das rote oder das blaue?*
2. *Die Toilette ist weiter weg, als ich dachte.*
3. *Kennen Sie die Verletzte[1]?*
4. *Mein Windhund[2] wird immer dünner.*
5. *Je frecher[3] ich zu ihnen bin, desto netter sind sie zu mir.*

---

[1]*verletzt = injured*   [2]*greyhound*   [3]*frech = cheeky*

5 Das Adverb
oder

Es kommt auf das »Wie« an

I smoke regularly

Mit unserer Beschreibung der Welt sind wir noch nicht ganz fertig. Wie? Genau – es fehlt noch das Wie. Und da müssen die Adverbien antreten, die ja zum Teil auch mit den Adjektiven eng verzahnt sind. Aber vorerst eine kurze Definition:

Ein Adverb ist ein Wort, das ein Verb (**1**), ein Adjektiv (**2**), ein anderes Adverb (**3**) oder einen ganzen Satz (**4**) näher bestimmt:

1	He **speaks** English **badly.**	*Er spricht schlecht Englisch.*
2	His grammar's **pretty awful.**	*Seine Grammatik ist ziemlich miserabel.*
3	But if he pays attention, he'll improve **fairly quickly.**	*Aber wenn er gut aufpasst, wird er sich ziemlich schnell bessern.*
4	**Fortunately,** he's got just the right book.	*Zum Glück hat er genau das richtige Buch.*

Probleme für Deutsche bereiten hauptsächlich die **-ly**-Adverbien, die direkt von Adjektiven abgeleitet sind. Alle anderen können als Vokabeln gelernt werden (so z. B. **always, of course, at home, in a minute** usw.).

Zunächst ein paar Regeln zur Bildung der Adverbien auf **-ly:**

Adjektiv		Adverb	
1 slow		**slowly**	*langsam*
2 boring		**boringly**	*langweilig*
3 simple		**simply**	*einfach*
4 easy		**easily**	*leicht*
5 automatic		**automatically**	*automatisch*
6 true	*wahr*	**truly**	*wirklich, wahrhaftig*
7 whole	*ganz*	**wholly**	*gänzlich, völlig*

Die meisten abgeleiteten Adverbien werden durch Anhängen von **-ly** gebildet (**1**, **2**).

Besonderheiten:

- **-le** wird zu **-ly** (**3**)

- **-y** wird zu **-ily** (**4**)

- **-ic** wird zu **-ically** (**5**)
  (Ausnahme: **public** → **publicly** = öffentlich)

- Das stumme **-e** bei **true, due** und **whole** fällt weg (**6**, **7**).

Problematisch sind die Adverbien auf **-ly** schon deshalb, weil Adjektiv und Adverb im Deutschen oft gleich aussehen:

Das Foto ist ganz nett. (Adjektiv)
Das hast du aber nett ausgedrückt. (Adverb)

Woran erkennt man, dass es sich im zweiten Beispiel um ein Adverb handelt (**nicely** auf Englisch?) Eine kleine Eselsbrücke:

 Ein deutsches Adverb hat (außer bei der Steigerung) keine Endung. Man kann zwar sagen »ein nettes Foto«, aber »nett ausgedrückt« bleibt immer gleich.

Auch im Englischen gibt es ein paar Fälle, in denen Adjektiv und Adverb gleich sind:

Zeitadjektive auf **-ly (monthly, weekly, daily, hourly** usw.) haben als Adverbien dieselbe Form.

Auch die folgenden Adjektive und Adverbien haben dieselbe Form und meistens auch die gleiche Bedeutung:

Adjektiv		Adverb	
deep		**deep**	*tief*
high		**high**	*hoch*
low		**low**	*niedrig*
fast		**fast**	*schnell*
straight	*gerade*	**straight**	*gerade, direkt*
late		**late**	*spät*
long	*lang*	**long**	*lange*
near		**near**	*nah*
far		**far**	*weit*
early		**early**	*früh*
hard	*hart, schwer*	**hard**	*fest, kräftig, schwer* usw.

An manche dieser Adverbien kann man allerdings ein **-ly** anhängen, was aber eine andere Bedeutung ergibt:

Adverb			
deeply	*zutiefst*	**nearly**	*fast*
highly	*höchst*	**hardly**	*kaum*
lately	*in letzter Zeit*		

Auch bei folgenden Adverbien weicht die Bedeutung von der des Adjektivs etwas ab:

Adverb			
scarcely	*kaum*	**shortly**	*gleich, in Kürze*
barely	*kaum*	**fairly**	1. *fair;* 2. *ziemlich*
mostly	*meistens*	**justly**	1. *gerecht;* 2. *zu Recht*

Andererseits gibt es einige Adjektive auf **-ly**, die keine eigenen Adverbien bilden können. Da muss das deutsche Adverb durch einen entsprechenden Ausdruck übersetzt werden:

*He gave me a **friendly** wink.*	*Er zwinkerte mir freundlich zu.*
(**friendly** ist nur Adjektiv)	(»*freundlich*« ist hier Adverb)

Ganz wichtig ist auch:

Das Adverb von **good** heißt **well**.

Alles gut überstanden bisher? **Well done!**

Schließlich gibt es noch einige Wörter, die als Adjektiv oder Adverb verwendet werden können, wobei sie jeweils eine andere Bedeutung haben:

Adjektiv		Adverb	
well	*gesund*	**well**	*gut*
only	*einzig*	**only**	*nur, erst*
pretty	*hübsch*	**pretty**	*ziemlich*
just	*gerecht*	**just**	*gerade, eben; nur*

Jetzt wollen wir uns wieder in den Bereich der Superlative hinein-steigern. Es wird ja heutzutage alles *schneller* und *schneller* und die Steigerung der Adverbien will auch *schnellstens* gemeistert sein. Das geht *einfacher*, als Sie denken. Sehen Sie sich dazu am besten folgende Beispiele und Regeln *schleunigst* an:

Positiv	Komparativ	Superlativ
fast	**faster**	**fastest**
schnell	*schneller*	*am schnellsten*
hard	**harder**	**hardest**
fest	*fester*	*am festesten*
early	**earlier**	**earliest**
früh	*früher*	*am frühesten*

■ Alle einsilbigen Adverbien sowie **early** werden auf **-er/-est** gesteigert. Und die anderen?

brutally	**more brutally**	**most brutally**
often	**more often**	**most often**

■ Alle mehrsilbigen Adverbien (außer **early**) werden mit **more/most** gesteigert.

Und dann hätten wir noch die unregelmäßig gesteigerten Adverbien:

well	*gut*	**better**	**best**
badly	*schlecht*	**worse**	**worst**
little	*wenig*	**less**	**least**
much	*viel*	**more**	**most**
far	*weit*	**further**	**furthest**

Zu guter Letzt noch ein paar Kniffligkeiten, die bestimmte Verben mit sich bringen:

If the tiger moves, stay **calm**.	*Wenn sich der Tiger bewegt, bleiben Sie ruhig.*
Suddenly the weather turned **nasty**.	*Plötzlich wurde das Wetter ganz unangenehm.*

■ Nach folgenden Verben in der angegebenen Bedeutung steht in der Regel die Adjektivform (kein **-ly**):

stay	*bleiben*	**become**	*werden*
remain	*bleiben*	**get**	*werden*
		grow	*werden*
		turn	*werden*

Ähnlich sieht es im Reich der Sinne aus:

This beer tastes **horrible.**	*Dieses Bier schmeckt scheußlich.*
Your new aftershave smells **strange.**	*Dein neues Aftershave riecht aber komisch.*
His accent sounds **funny.**	*Sein Akzent klingt komisch.*
I feel **wonderful.**	*Ich fühle mich wunderbar.*
Eric looks **confused.**	*Eric sieht verwirrt aus.*

■ Nach folgenden Verben der Sinneswahrnehmung steht in der Regel die Adjektivform (kein **-ly**):

taste	*schmecken*	**feel**	*sich (an)fühlen*
smell	*riechen*	**look**	*aussehen*
sound	*klingen*		

Anders sieht es jedoch aus bei Sätzen wie den folgenden:

It smells very **strongly of** garlic in here.	*Hier riecht es stark nach Knoblauch.*
She looks **suspiciously like** my wife.	*Sie sieht meiner Frau verdächtig ähnlich.*

Und nun müssen Sie Ihre grauen Zellen ein bisschen beanspruchen, denn Sie dürfen wieder Ihre Übersetzungskünste unter Beweis stellen.

ÜBUNG 5 Versuchen Sie, folgende Sätze ins Englische zu übertragen. Um zu sehen, ob Sie den Unterschied zwischen Adjektiv und Adverb auch wirklich im Griff haben, haben wir ein paar Adjektive mit hineingeschmuggelt.

Deine Schwester schwimmt sehr gut

1. *Deine Schwester schwimmt sehr gut.*
2. *Das Lamm schmeckt scheußlich, aber die Minzsoße[1] ist gut.*
3. *Er trat so hart gegen[2] den Stuhl, dass ein Bein kaputtging[3] (sein linkes).*
4. *Wenn ein Hund zu bellen[4] anfängt, machen die anderen automatisch mit[5].*
5. *Langsam fange ich an[6], die englische Grammatik zu verstehen.*

[1] *mint sauce*   [2] *treten gegen = kick*   [3] *he broke a leg*   [4] *bark*   [5] *mitmachen = join in*
[6] *I'm ... beginning*

6 Die Wortstellung *oder*

Sätze richtig »bauen«

He had unfortunately forgotten to switch off his mobile

Ordnung muss sein, auch im englischen Satz. Es nützt wenig, eine
Menge Wörter und Ausdrücke zu kennen, wenn sie an die falsche Stelle
geraten – das bringt nämlich nicht nur den Satz durcheinander … Aber
zum Glück ist die englische Wortstellung sehr oft die gleiche wie im
Deutschen:

The children love ghost stories.	*Die Kinder lieben Geistergeschichten.*
My wife lives two streets away.	*Meine Frau wohnt zwei Straßen weiter.*
I gave him two rare butterflies for his collection.	*Ich schenkte ihm zwei seltene Schmetterlinge für seine Sammlung.*

■ Die übliche englische Wortstellung im Satz lautet:

Subjekt	Verb	Objekt	(S – V – O)
Dad	**is making**	**dinner.**	

 Die Buchstabenfolge S – V – O können Sie sich leicht merken, wenn Sie daran denken, dass es so <u>s</u>ehr <u>v</u>iel <u>o</u>rdentlicher ist.

An dieser Reihenfolge ändert sich im Gegensatz zum Deutschen normalerweise auch nichts, wenn etwas vor dem Subjekt steht:

Then **they took us** to the police station.	*Dann nahm man uns mit aufs Polizeirevier.*

Nun kommen wir zum leidigen Thema der Wortstellung bei den Adverbien. Ja, wohin mit den Dingern? Wenn es da eine einfache Antwort gäbe …

Wir könnten jetzt mit einem wahren Wust von Regeln aufwarten, aber Sie wären am Ende genauso schlau wie vorher.

Deshalb haben wir diese Regeln ganz bewusst auf ein überschaubares Minimum reduziert. Sie sollten sich diese paar wichtigen Richtlinien gut merken, um nicht in die üblichen Fallen hineinzutappen. Später können Sie sich dann nach und nach die vielen Varianten aneignen – das ist eher eine Sache der Übung und des Sprachgefühls.

I always have breakfast in bed

1	I **always have** breakfast in bed.	*Ich frühstücke immer im Bett.*
2	She **suddenly started** sneezing.	*Plötzlich fing sie an zu niesen.*
3	He **just walked in** and sat down without saying a word.	*Er kam einfach rein und setzte sich hin, ohne ein Wort zu sagen.*
4	You**'re never** on time.	*Du kommst nie pünktlich.*
5	He **had unfortunately forgotten** to switch off his mobile.	*Leider hatte er vergessen, sein Handy auszuschalten.*
6	I **should probably have** stopped at the lights.	*Ich hätte wahrscheinlich an der Ampel halten sollen.*

■ Abgeleitete Adverbien (Adjektiv + **-ly**) sowie Adverbien der Häufigkeit (**never, always, usually** usw.) stehen meistens in folgender Position:
– vor dem Verb (**1**, **2**, **3**), aber
– nach dem Verb **be** (**4**) bzw.
– nach dem ersten Hilfsverb (**5**, **6**).

GB D Das ist anders als im Deutschen, deswegen sollten Sie sich vor allem die Beispiele **1** - **3** besonders gut merken.

Das war aber noch nicht alles:

7	Who invited Uncle Cedric **to the wedding?**	*Wer hat den Onkel Cedric zur Hochzeit eingeladen?*
8	I lost my laptop **yesterday.**	*Ich habe gestern meinen Laptop verloren.*
9	**Last Sunday night** we were 1,000 miles away...	*Letzten Sonntagabend waren wir 1000 Meilen von hier entfernt...*

- Adverbien des Ortes (wo?, wohin?) und der bestimmten Zeit (wann genau?) stehen meistens am Satzende (**7**, **8**).

- Adverbien der bestimmten Zeit findet man auch zur Betonung am Satzanfang (**9**).

- Adverbien des Ortes (Frage: wo?) erscheinen relativ selten am Satzanfang. Wenn Sie auf die Frage – wohin? – antworten, ist diese Stellung nicht möglich.

Was ist aber, wenn ein Satz mehrere Adverbien enthält?

10	I think I'll stay **at home tonight.**	*Ich glaube, ich bleibe heute Abend zu Hause.*
11	I've been working hard **at the office all day,** darling.	*Ich habe den ganzen Tag im Büro schwer geschuftet, Liebling.*
12	He didn't get in till **3 o'clock this morning.**	*Er ist heute Nacht erst um 3 Uhr heimgekommen.*

- Wenn sich mehrere Adverbien zum Satzende hin drängeln, gilt allgemein die Reihenfolge:

    – Ort vor Zeit (**10**) (O vor Z im Alphabet);
    – Art und Weise (wie?) vor Ort (**11**) (A vor O);
    – genauere Zeitangaben vor allgemeineren (**12**).

Das wäre sozusagen das A und O der Geschichte. Diese Faustregel wird zwar nicht immer streng eingehalten, aber sie dient trotzdem als wertvolle Richtlinie. Die Stellung der Adverbien hätten wir aber damit noch nicht ganz von A bis Z durch, denn da gäbe es noch die so genannten Adverbien des Grades:

13	My brother's a pretty good guitarist, and he plays the harmonica **quite** well too.	*Mein Bruder ist ein ziemlich guter Gitarrist und er spielt auch ganz gut Mundharmonika.*
14	We **almost** missed the flight.	*Wir haben den Flug beinahe verpasst.*
15	They had **just** gone to bed when the doorbell rang.	*Sie waren gerade ins Bett gegangen, als es an der Tür läutete.*

- Adverbien des Grades (z. B. **quite, fairly, a bit, too, very**) haben dieselbe Position wie im Deutschen, wenn sie sich auf Adjektive oder auf andere Adverbien beziehen (**13**).
  Wenn sich Adverbien des Grades wie z. B. **almost, nearly, just, hardly, barely, scarcely** auf Verben beziehen, dann gilt die Mittelstellung (**14**, **15**).

Schließlich wollen wir die Adverbien des Kommentars kurz kommentieren. Sie drücken die Meinung bzw. Einstellung des Sprechers aus:

16	She's **obviously** lying./ **Obviously** she's lying.	*Sie lügt offensichtlich.*
17	**As a matter of fact** I'm a tee-totaller.	*Eigentlich bin ich Abstinenzler.*
18	He's **probably** at a meeting.	*Er ist wohl in einer Besprechung.*

- Kommentierende Adverbien und adverbielle Bestimmungen erscheinen, wenn sie Einzelwörter sind, in der Mittelstellung (**16**, **18**) bzw. zur Betonung am Satzanfang (**16**).
  Längere kommentierende adverbielle Ausdrücke stehen ebenfalls am Satzanfang (**17**).

- Im Gegensatz zu den kommentierenden Adverbien stehen längere adverbielle Ausdrücke allgemeiner Art meistens am Satzende:

He sniffed at the lobster **a little sceptically.**	*Er roch ein wenig skeptisch am Hummer.*

Nachdem wir am Anfang des Kapitels behauptet haben, dass sich an der Reihenfolge S – V – O auch nichts ändert, wenn etwas vor dem Subjekt steht, werden Sie es uns hoffentlich nicht übelnehmen, wenn wir jetzt auf ein paar wichtige Ausnahmen aufmerksam machen:

19 *I love English grammar.*	*Ich liebe die englische Grammatik.*
– So do I.	*– Ich auch.*
20 **Not only did he** smash his nose, he lost two teeth as well.	*Er hat sich nicht nur die Nase kaputtgeschlagen, sondern auch zwei Zähne verloren.*

In folgenden Fällen werden Verb und Subjekt umgestellt (Wortstellung wie im Fragesatz):

- nach **so** und **neither/nor** am Satzanfang im Sinne von *auch* bzw. *auch nicht* (**19**);
- nach einigen Adverbien am Satzanfang – z. B. **not only** *(nicht nur)*, **only then** *(erst dann)*, **rarely** *(selten)*, **never** *(nie)* (**20**).

Ü B U N G   6   Hier muss jetzt Ordnung geschaffen werden. Versuchen Sie, aus dem folgenden Wirrwarr zehn sinnvolle englische Sätze zu bilden:

1. *their stereo, play, far too loudly, our neighbours*
2. *was, really crowded, yesterday afternoon, the pub*
3. *realize, did we, only then, we were, eating, what*
4. *early, goes, to bed, he, sometimes*
5. *imagined, I, never, would, have, that he could, rude, be, so*
6. *"stay out, usually, I, so late, don't" – "do, I, neither"*
7. *from Sydney, got, late last night, I, a phone call*
8. *probably, decided, he's, for a change, to work, today, to go*
9. *into a new caravan, we'll be, at the end of the month, moving*
10. *"a good golfer, is, my wife" – "mine, is, so"*

7 Das Präsens – einfache Gegenwart und -ing-Form

oder

Über die Gegenwart sprechen

Father O'Sullivan goes to the disco every week

Das Präsens erlaubt es uns, darüber zu sprechen, was zurzeit passiert. In diesem Kapitel begegnet Ihnen erstmals eine Verbform, die gewissermaßen durch die gesamte englische Grammatik spukt: die so genannte **-ing**-Form. Da sie drei verschiedene Funktionen im Englischen ausübt (mehr darüber in Kapitel 13 und 21), lohnt es sich, die Bildung der **-ing**-Form zu lernen, denn so kann man gleich drei Fliegen mit einer Klappe schlagen!

■ Die **-ing**-Form besteht aus Infinitiv + **-ing:**

walk + -ing = walking

aber:

■ Ein nicht ausgesprochenes **-e** fällt weg **(take – taking)**;

■ ein einfacher Konsonant (**b, d, g** usw.) nach kurzem Vokal **(a, e, i, o, u)** wird verdoppelt **(run – running)**;

■ **-ie** wird zu **-ying (lie – lying)**;

■ ein **-r** am Ende nach betontem einfachem Vokal wird verdoppelt **(prefer – preferring)**;

■ ein **-l** am Ende nach einem einfachen Vokal wird verdoppelt **(travel – travelling*)**.

Nun aber zur eigentlichen Sache. Sehen Sie sich zunächst einmal folgende Beispielsätze an:

1	Bob's **running** for the train.	*Bob läuft zum Zug.*
2	Bob **runs** for the train every morning.	*Bob läuft jeden Morgen zum Zug.*

Im ersten Satz sehen wir ein Beispiel der so genannten **-ing**-Form der Gegenwart **(am/are/is + -ing**-Form, hier: **is running)**, im zweiten Satz die einfache Form der Gegenwart (Infinitiv bzw. bei **he, she, it** und Substantiven: Infinitiv + **-[e]s**, hier: **runs)**. Warum nun dieser Unterschied, wenn doch beide Sätze scheinbar die gleiche Handlung (das Laufen) in der gleichen Zeit (der Gegenwart) beschreiben?

Im ersten Beispiel ist die Handlung zum Zeitpunkt des Sprechens gerade im Gange. In solchen Fällen ist im Englischen die **-ing**- oder Verlaufsform notwendig. Wie die Bezeichnung schon sagt, »verläuft« gerade etwas oder es läuft etwas ab, wie im Film.

---

* Im amerikanischen Englisch wird das **-l** nicht verdoppelt.

■ Die **-ing**-Form der Gegenwart wird für Handlungen verwendet, die zu einem bestimmten Zeitpunkt gerade ablaufen (**1**).

Im zweiten Beispiel ist die einfache Gegenwart notwendig, weil Bob jeden Morgen hinter dem Zug herläuft, denn:

■ Die einfache Form der Gegenwart bezeichnet Handlungen, die öfter, regelmäßig oder gewohnheitsmäßig wiederkehren (**2**).

Noch ein Beispiel:

Father O'Sullivan **goes** to the disco **every week**.	*Pfarrer O'Sullivan geht jede Woche in die Disko.*

Aber auch Sätze wie die folgenden verlangen diese Form:

3 My sister **plays** football for a living.	*Meine Schwester ist Profifußballspielerin.*
4 My mum says boys **don't cry**.	*Meine Mutter sagt, Jungen weinen nicht.*
5 Money **makes** the world go round.	*Geld regiert die Welt.*
6 Hot air **rises**.	*Wärme steigt nach oben.*

■ Die einfache Gegenwart wird auch verwendet, um Berufe (**3**), Beschäftigungen, allgemeine Wahrheiten (**4**, **5**) und natürliche Gesetzmäßigkeiten (**6**) zu beschreiben.

Auch für die **-ing**-Form gibt es weitere Anwendungsmöglichkeiten. Sie wird nicht nur für Handlungen verwendet, die gerade im Moment ablaufen, sondern auch für solche, die sich über einen längeren Zeitraum erstrecken, sei es über Wochen oder Jahre:

| Aunt Agatha **is skiing** in Colorado. | *Tante Agatha ist in Colorado beim Skilaufen.* |

Das heißt, die gute Tante ist zurzeit im Skiurlaub in Colorado, muss aber nicht unbedingt in diesem Moment die Piste hinunterwedeln.

Aunt Agatha is skiing in Colorado

Ähnlich verhält es sich auch im folgenden Beispiel:

| **I'm teaching** my husband how to run a household. | *Ich bringe meinem Mann bei, wie man einen Haushalt führt.* |

So ein Unterfangen kann natürlich etwas länger dauern, und der Satz besagt nicht, dass der angehende Hausmann mitten in der Staubsaugeprüfung oder Ähnlichem steht, sondern dass die Einweisung irgendwann in letzter Zeit begonnen hat und durchaus noch einige Zeit in Anspruch nehmen kann …

I'm teaching my husband how to run a household

Jetzt heißt es aber aufgepasst, denn im folgenden Beispiel erscheinen beide Gegenwartsformen:

He's usually **playing** poker with the babysitter when we **get** home from the opera.	*Meistens ist er mit dem Babysitter am Pokern, wenn wir von der Oper zurückkommen.*

Zu dem Zeitpunkt, als die Eltern von ihren regelmäßigen Opernbesuchen nach Hause kommen (wiederholte Handlung = einfache Gegenwart = **get**), ist ihr Söhnchen meistens mit dem Babysitter mitten im Pokerspiel (hier ist ausschlaggebend: das Pokerspiel ist bereits im Gange = **-ing**-Form der Gegenwart = **is playing**).

Schließlich gibt es eine Reihe von Verben, die man relativ selten in der **-*ing***-Form der Gegenwart findet, weil sie keine Aktivitäten als solche beschreiben. Hier eine Auswahl der geläufigeren:

be	*sein*	**seem**	*scheinen*
know	*wissen*	**cost**	*kosten*
hope	*hoffen*	**own**	*besitzen*
understand	*verstehen*	**want**	*wollen*
believe	*glauben*	**sound**	*klingen*

it depends	*es kommt darauf an*
you **smell** nice usw.	*du riechst gut* usw.
this **tastes** funny usw.	*das schmeckt komisch* usw.
it sounds awful usw.	*es klingt furchtbar* usw.

Wundern Sie sich aber nicht, wenn Sie einigen dieser Verben doch in der **-*ing***-Form begegnen – die Sprache lässt sich eben nicht so ohne weiteres in starre Regeln hineinzwängen!

Folgender Test wird Ihnen helfen, diese ganz wichtigen Informationen zu festigen.

ÜBUNG 7 Versuchen Sie, in die Lücken jeweils die richtige Verbform (einfache oder **-*ing***-Form der Gegenwart) zu setzen. Da es ein Gespräch ist, sollten Sie, wo möglich, die gekürzten Formen nehmen (**she is** → **she's** usw.). Wenn Sie diesen Test erfolgreich abschließen, haben Sie eine gewisse Schallgrenze in der englischen Grammatik durchbrochen. Hoffentlich knallt's auch anständig!

Julie: Look, Sally ＿＿＿＿＿＿ (argue[1]) with the customs officer[2].

Andrew: Sally ＿＿＿＿＿＿ (always, argue) with the customs officer when she ＿＿＿＿＿＿ (get caught[3]) with too much alcohol in her suitcase.

---

[1](sich) streiten [2]Zollbeamter [3]erwischt werden

Julie: I'd love to know what she _____ (do) with all

those bottles. Surely she _____ (not, drink) them all herself?

Andrew: No, she _____ (sell) them to her dad at a profit[1]

and _____ (use) the money to save up for her next holiday.

Julie: Now she _____ (try) to give the customs officer a

bottle of vodka, but he _____ (shake) his head.

Wait a minute – they _____ (open) some

whisky and _____ (pour) it into two paper cups[2]!

Andrew: Yes, isn't it funny how customs officers all over the world

_____ (seem) to prefer Sally's whisky to

her vodka ...

[1] mit Gewinn   [2] Pappbecher

8 Die Vergangenheit – einfache und *-ing*-Form

oder

Über Vergangenes sprechen

I was watering the plants when the police came and arrested me

Wenn Ihnen die Regeln aus dem vorigen Kapitel noch gegenwärtig sein sollten, sind Sie für den Sprung in die Vergangenheit bestens gerüstet.

Mit den Vergangenheitsformen beschreiben wir, was bereits passiert ist.

Zunächst ist aber wieder etwas »Allgemeinbildung« angesagt. So wird die einfache Vergangenheit im Englischen gebildet:

Bei regelmäßigen Verben* wird **-ed** an die Grundform des Verbs angehängt:

> **walk + -ed = walked**

aber:
- Ein nicht ausgesprochenes **-e** fällt weg **(wave – waved)**;

- ein einfacher Konsonant (**b**, **d**, **g** usw.) nach kurzem Vokal (**a**, **e**, **i**, **o**, **u**) wird verdoppelt **(admit – admitted)**;

- ein **-r** am Ende nach einem betonten einfachen Vokal wird verdoppelt **(prefer – preferred)**;

- ein **-l** am Ende nach einem einfachen Vokal wird im britischen Englisch verdoppelt **(travel – travelled)**;

- ein **-y** nach einem Konsonanten wird zu **-ied (try – tried)**.

8.1 Die einfache Vergangenheitsform oder *Es ging ganz schnell*

Packen wir gleich ein paar Beispiele an, die den Gebrauch dieser Form verdeutlichen sollen:

We **sometimes flew** to Honolulu for the weekend.	*Wir flogen manchmal übers Wochenende nach Honolulu.*
Jeff **always skipped** work on Fridays.	*Jeff machte freitags immer blau.*

- Die einfache Vergangenheit bezeichnet Handlungen, die in der Vergangenheit mehrmals bzw. regelmäßig wiederkehrten.

Wenn man in solchen Sätzen den Gegensatz zwischen »früher« und »jetzt« betonen möchte, nimmt man **used to** + Infinitiv:

She **used to play** with computers as a child.	*(Früher) Als Kind spielte sie mit Computern.*
He never **used to get up** before ten.	*Früher stand er nie vor zehn Uhr auf.*

---

* Zu den unregelmäßigen Verben s. Verbliste auf Seite 175 ff.

In Sätzen wie den folgenden erscheint ebenfalls die einfache Vergangenheit:

I **lost** all my savings in the casino **last Sunday.**	*Letzten Sonntag habe ich meine ganzen Ersparnisse im Casino verspielt.*
Peter **broke** two fingers **during the concert.**	*Peter hat sich während des Konzerts zwei Finger gebrochen.*

■ Die einfache Vergangenheit wird auch für vereinzelte Handlungen gebraucht, die in der Vergangenheit abgeschlossen bzw. vollbracht wurden. Oft erscheint im Satz eine genaue Zeitangabe (wie **last Sunday**) oder ein Hinweis auf eine bestimmte Zeit (wie **during the concert**).*

Folgendes Beispiel soll nun die dritte Anwendungsmöglichkeit der einfachen Vergangenheit verdeutlichen:

He **showered, washed** his hair and **put** on his best earring. Then his girlfriend **rang up** and **said** she **couldn't take** him out that night.	*Er duschte, wusch sich die Haare und steckte sich seinen besten Ohrring an. Dann rief seine Freundin an und sagte, sie könne ihn an dem Abend nicht ausführen.*

■ Die einfache Vergangenheit wird ebenfalls verwendet, um eine Reihe von Ereignissen oder Handlungen in der Vergangenheit wiederzugeben.

 Im vorigen Kapitel über die Gegenwart haben wir auf Seite 64 auf einige Verben hingewiesen, die hauptsächlich in der einfachen Form erscheinen. Da dies ebenso für die Vergangenheit gilt, sollten Sie ruhig noch einen Blick auf sie werfen, bevor wir weiterschreiten.

---

* Siehe auch Kapitel 9, Seite 77 f.

8.2 Die *-ing*-Form der Vergangenheit
oder *Alle waren am Lachen*

■ Diese Form wird gebildet aus ***was/were + -ing***-Form des Verbs.

Two year ago we **were sitting** behind bars.	*Vor zwei Jahren saßen wir (gerade) hinter Gittern.*
What **were** you **doing** at 2 pm last Sunday? – I **was swimming** the English Channel.	*Was machten Sie (gerade) letzten Sonntag um 2 Uhr nachmittags? – Ich durchschwamm (gerade) den Ärmelkanal.*

■ Die Verlaufsform der Vergangenheit beschreibt, was zu einem bestimmten Zeitpunkt in der Vergangenheit vor sich ging, »im Gange« war. (Im Deutschen kann man meistens das Wort »*gerade*« hinzufügen.)

Das war aber noch nicht alles:

Her hair **was getting** greyer and greyer.	*Ihre Haare wurden immer grauer.*
At that time my uncle in Australia **was making** a lot of money.	*Damals machte mein Onkel in Australien eine Menge Geld.*

My uncle in Australia was making a lot of money

- Die **-ing**-Form der Vergangenheit beschreibt auch eine allmähliche Entwicklung oder eine über kürzere oder längere Zeit andauernde Handlung bzw. Begebenheit.

Im folgenden Satz sehen Sie nun eine Reihe von Verben in der Verlaufsform:

I **was cleaning up** in the kitchen, my husband **was watching** TV, and the twins **were screaming** their heads off.	*Ich räumte in der Küche auf, mein Mann sah fern, und die Zwillinge schrien sich die Seele aus dem Leib.*

- Die **-ing**-Form der Vergangenheit wird ebenfalls verwendet, um verschiedene Handlungen zu beschreiben, die zu einem Zeitpunkt in der Vergangenheit gerade gleichzeitig abliefen.

Besonders gern erscheinen die einfache und die **-ing**-Form der Vergangenheit auch im gleichen Satz:

I **was watering** the plants when the police **came** and **arrested** me. When I **arrived**, everyone was **laughing**.	*Ich goss gerade die Blumen, als die Polizei kam und mich verhaftete. Als ich ankam, lachten alle (= waren alle am Lachen).*

- Die **-ing**-Form der Vergangenheit drückt auch eine Handlung aus, die bereits ablief, während eine neue (in der einfachen Vergangenheit) eintrat.

 Diese Regel ist sehr wichtig. Deshalb sehen wir einmal, was passiert, wenn wir im letzten Beispiel die **-ing**-Form durch die einfache Vergangenheitsform ersetzen:

When I **arrived**, everyone **laughed**.	*Als ich ankam, lachten (plötzlich) alle.*

Im ursprünglichen Beispiel waren bereits alle am Lachen (-ing-Form), als der Sprecher ankam (einfache Vergangenheit). Im abgewandelten Beispiel mit den zwei einfachen Vergangenheitsformen geht es um aufeinander folgende Ereignisse: Erst tritt der Sprecher ein und dann lachen alle – er ist also der Auslöser der allgemeinen Heiterkeit.

ÜBUNG 8   Hier gilt es, im folgenden Postkartentext die Lücken richtig zu füllen: einfache Vergangenheit oder -ing-Form?

Hi folks!

Last night we __went__ (go) to the Hofbräuhaus. When we

__got__ (get) there, a brass band[1] __was playing__ (play)

and people __were singing__ (sing) along to the music. The place

__was__ (be) full of Bavarians and American tourists. They

__wasn't seeming__ (not, seem) to have any problems at all communi-

cating[2]. You __could__ (can) tell the Bavarians by the leather

trousers and funny hats they __was wearing__ (wear). Quite a few

people __was lieing__ (lie) under the tables, but everyone

__had__ (have) a good time. We __had only__ (only,

have) three beers each, but it __was__ (be) two in the

morning before we _____ (find) our way back to the

hotel again. We _____ (not, feel) too fresh when we

_____ (have) to get up again at seven for a trip to Mad

King Ludwig's castles. More next time!

Love,

Sheila and Bruce

---

[1]Blaskapelle   [2]sich zu verständigen

9 Einfache Vergangenheit und *present perfect*

<u>*oder*</u>

Es hat doch gar nicht wehgetan

We've known each other since playschool

So einfach ist das leider nicht mit der einfachen Vergangenheit und dem *present perfect**, den beiden Zeiten, die den Deutschen beim Englischlernen die meisten Schwierigkeiten bereiten. Das kommt daher, dass man als Deutschsprechender dazu neigt, einen Satz wie *Ich habe ihn nicht gesehen* mit **I haven't seen him** zu übersetzen. Hier kann man aber nur selten die deutsche Zeitform wortwörtlich ins Englische übertragen, sondern man muss versuchen, gewissermaßen »englisch« zu denken.

---

* Bildung des *present perfect*: **has/have** + *past participle* (**I have seen, he has touched** usw.).
  Bildung des *past participle* von regelmäßigen Verben: Infinitiv + **-ed (touch + -ed = touched)**,
  von unregelmäßigen Verben: siehe Verbliste auf Seite 175 ff.

Den Gebrauch dieser beiden englischen Zeiten versteht man aber am ehesten im Vergleich:

Einfache Vergangenheit

1 My dad **won** several prizes as a boxer.

Mein Vater hat als Boxer (früher) mehrere Preise gewonnen.

Present perfect

2 My dad **has won** several prizes as a boxer.

Mein Vater hat als Boxer (schon) mehrere Preise gewonnen.

Im ersten Beispiel hat der Vater die Boxhandschuhe längst an den Nagel gehängt und wird sicher keinen Blumentopf mehr gewinnen. Der Vorgang (das Gewinnen der Preise) gehört der Vergangenheit an.

- Die einfache Vergangenheit bezeichnet Vorgänge und Handlungen, die in der Vergangenheit zurückliegen und keinen direkten Bezug zur Gegenwart haben. Sie sind sozusagen »abgehakt« (**1**).

Im zweiten Beispiel hat der Vater *bisher* mehrere Preise gewonnen – es können durchaus mehr werden, denn er ist als Boxer noch aktiv. Das *present perfect* bildet eine Brücke zwischen Vergangenheit und Gegenwart. Im Deutschen kann man oft »*bisher*«, »*bis jetzt*«·oder »*bis zu diesem Augenblick*« hinzufügen (**2**).

 Bei der Wahl der englischen Zeit darf man also nicht vom Deutschen ausgehen: Es spielt keine Rolle, ob der deutsche Satz im Perfekt *(»hat gewonnen«)* oder im Imperfekt *(»gewann«)* steht.

Zum Glück gibt es eine Reihe von »Signalwörtern«, die jeweils auf die eine oder andere Zeit deuten:

Signalwörter für die (einfache) Vergangenheit (bestimmte Zeit in der Vergangenheit)		Signalwörter für das *present perfect* (Bezug zur Gegenwart)	
yesterday	*gestern*	**up to now**	
last night	*gestern Abend*	**until now**	*bisher, bis jetzt*
last week	*letzte Woche*	**so far**	
usw.	usw.		
in 1992	*1992*	**yet** (verneint)	*noch nicht*
on Sunday	*am Sonntag*	**(He hasn't seen it yet.)**	
at 2 o'clock	*um 2 Uhr*	**yet** (Frageform)	*schon*
a week ago	*vor einer Woche*	**(Has he seen it yet?)**	
when	*als,* (in Fragen) *wann*		

Leider ist aber nicht jeder Satz so benutzerfreundlich und liefert gleich ein hilfreiches Signalwort mit. Was macht man dann? Mit einer Reihe von typischen Fällen wollen wir Ihnen über den Berg helfen:

3 Alexander Graham Bell **invented** the telephone. — *Alexander Graham Bell hat das Telefon erfunden.*

Hier haben wir es mit einem lange zurückliegenden Ereignis zu tun – das Telefon ist ja (zum Glück) nicht gerade erst vor wenigen Minuten erfunden worden.

■ Bei Ereignissen, die in der Geschichte zurückliegen, nimmt man die einfache Vergangenheit (**3**).

Und:

4 What **happened** to you? – I **sprained** my ankle. — *Was ist denn mit dir passiert? – Ich hab mir den Fuß verstaucht.*

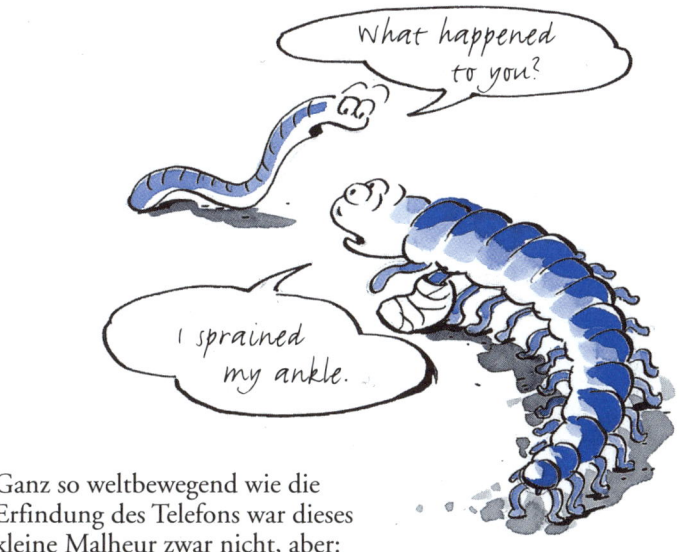

Ganz so weltbewegend wie die
Erfindung des Telefons war dieses
kleine Malheur zwar nicht, aber:
Der Vorgang gehört genauso der »Geschichte« an, denn er ist vorüber
und vorbei, wenn auch noch nicht vergessen.

■ Auch bei Vorgängen, Handlungen und Ereignissen, die erst kürzlich
stattgefunden haben, nimmt man die einfache Vergangenheit, voraus-
gesetzt der Sprecher denkt in erster Linie an die Zeit oder die
Situation in der Vergangenheit (**4**).

 Man stelle sich das so vor: Das Ereignis ist passiert und wie mit
der Kamera festgehalten. Man blickt darauf zurück, so wie man
sich ein Foto ansehen würde. Dass in unserem Beispiel der Fuß
noch wehtut, spielt keine Rolle, denn beide Sprecher denken
nicht so sehr an die Auswirkungen des Unfalls, sondern konzen-
trieren sich auf den Unfall selbst.

Anders sieht es im folgenden Fall aus:

5 *I can't come to work today –*	*Ich kann heute nicht nur Arbeit*
I've cut my finger.	*kommen – ich hab mich nämlich*
	in den Finger geschnitten.

Moment mal, sagen Sie vielleicht. Wo liegt da der Unterschied zum vorigen Beispiel? Beide Missgeschicke sind eindeutig in der Vergangenheit passiert, in beiden Fällen tut's noch weh. Aber: Nur im letzten Beispiel ist der Unfall mit seinen Auswirkungen gegenwärtig noch hochgradig aktuell. Er beschäftigt den Sprecher, ist jetzt noch Thema Nr. 1 und beeinflusst sein Handeln und Denken – der verletzte Finger ist der Grund, warum das »Unfallopfer« heute nicht in die Arbeit kommen kann (oder will!).

- Wenn bei einem Vorgang aus der Vergangenheit das Ergebnis und sein Einfluss auf die Gegenwart ausschlaggebend sind, verwendet man im Englischen das *present perfect* (**5**).

Aber:

6	I **cut** my finger ten minutes **ago** and it's still bleeding.	*Ich hab mich vor zehn Minuten in den Finger geschnitten und er blutet immer noch.*

- Sobald ein Signalwort für die einfache Vergangenheit in einem solchen Satz erscheint (hier **ago**), muss man diese Zeit nehmen (**6**).

 Eine kleine Hilfe noch, um Ihnen bei dieser Unterscheidung zu helfen, wenn kein Signalwort dabei sein sollte:

Wenn man im Deutschen »damals«, »vorhin« oder »*da gerade*« hinzufügen kann, fällt die Entscheidung zwischen *present perfect* und einfacher Vergangenheit immer zugunsten der einfachen Vergangenheit aus.

Also auch:

What **did you say?**	*Was hast du (da gerade) gesagt?*

Das ist zwar unmittelbare Vergangenheit, aber für den Sprecher ist der Zeitpunkt der Aussage des anderen in der Vergangenheit fixiert (so wie mit der Kamera festgehalten).

Nun zu einer weiteren Verwendung des *present perfect*:

> **7** *I've heard* that joke before.   *Den Witz hab ich schon mal gehört.*

Hier wird nicht gesagt, wann der Sprecher den Witz hörte, sondern nur, dass er ihn schon gehört hat.

■ Wenn es unwichtig ist, wann etwas in der Vergangenheit stattfand oder geschah, nimmt man das *present perfect* (**7**). Im Deutschen kann man oft »*schon (ein)mal*« hinzufügen.

Und eine letzte Anwendungsmöglichkeit:

> **8** We*'ve known* each other since   *Wir kennen uns schon seit dem*
> playschool.   *Kindergarten.*
> **9** I*'ve been standing* here for   *Ich stehe seit drei Stunden hier und*
> three hours and not a single   *kein einziger Bus hat angehalten.*
> bus has stopped.

Die Ärmste weiß nicht, dass man beim "Request Stop" in England dem Busfahrer durch ausgestreckten Arm extra andeuten muss, dass er anhalten soll. Tut man dies nicht, kann man an der Bushaltestelle gleich übernachten!

■ Das *present perfect* bezeichnet auch Vorgänge oder Zustände, die in der Vergangenheit angefangen haben und bis in die Gegenwart hineinreichen (**8**).

■ Oft dauert der Vorgang noch an, und in solchen Fällen nimmt man häufig die **-ing**-Form des *present perfect*, besonders wenn die Aussage emotional gefärbt ist (**9**).

Für das Wörtchen »*seit*« hat man im Englischen zwei mögliche Übersetzungen:

10	I've had this cold **for** two weeks now.	*Diese Erkältung hab ich schon seit zwei Wochen.*
11	He hasn't rung up **since** last August.	*Er hat seit letztem August nicht angerufen.*

- **for** wird bei einem Zeitraum verwendet (**10**);
- **since** wird bei einem Zeitpunkt verwendet (**11**) – denken Sie an den i-Punkt in **s<u>i</u>nce** (Zeitpunkt).

Jetzt wird es Zeit, dass Sie diese sehr wichtigen Erkenntnisse mithilfe eines Tests festigen.

Ü B U N G   9   Setzen Sie die richtige Zeit ein – einfache Ver-
gangenheit oder ***present perfect*** (gelegentlich
sind beide möglich). Bei perfektem Ergebnis gibt es leider kein
Präsent, aber Sie können auf jeden Fall sagen, dieses Kapitel gehört
ganz einfach der Vergangenheit an!

"I _____ (finish) my packing. We can go now,"

_____ (say) my wife. "_____ (you, phone)

the airport yesterday to confirm[1] the flight?" "Of course not,"

I _____ (reply). "That's just a waste of time[2]."

So we _____ (take) our heavy suitcases downstairs and

_____ (wait) for the cab[3].

"I hope we _____ (not, forget) anything," my wife

said as we were sitting in a traffic jam[4] on the motorway[5]. "Don't be

silly," I _____ (snap). "I _____ (think) of every-

thing."

---

[1]bestätigen (lassen)   [2]Zeitverschwendung   [3]Taxi   [4]Stau   [5]Autobahn

"_____ (you, turn) the coffee-maker off before we

_____ (leave)?" she asked when we finally _____

(arrive) at the airport half an hour before take-off. "Yes, dear, I

_____ (do). Now stop worrying." As we were rushing

through the terminal, I _____ (suddenly, hear) my wife

scream behind me. "What _____ (happen)?" I asked.

"The handle _____ (come off) my case!" she cried. So

we _____ (push) it along to the queue at the check-in desk.

Fifteen minutes later it _____ (be) our turn at last. I

_____ (heave[1]) all our luggage onto the conveyor belt[2] and

_____ (watch) it slowly disappear as the steward

_____ (check) our tickets.

"Just a minute," he said. "These tickets are for the 21st, and today's

the 20th. There _____ (not, be) any cancellations[3] for

today's flight either. You'll have to come back tomorrow, I'm afraid."

"You _____ (do) it again!" my wife screamed and

_____ (hit) me over the head with her vanity case[4].

I _____ (spend) the next two weeks in hospital while she

_____ (enjoy) the sun in Cyprus.

[1]hieven [2]Gepäckförderband [3]Stornierungen [4]Kosmetikkoffer

10 Das Futur
oder
Über die Zukunft sprechen

We'll be landing at Heathrow in ten minutes

Das Futur erlaubt uns, darüber zu sprechen, was in der Zukunft passieren wird.

Wenn Sie auch in Zukunft mit Ihrem Englisch gut in Form bleiben wollen, müssen Sie jetzt tief Luft holen, denn es gibt im Englischen nicht nur eine, sondern gleich fünf verschiedene Möglichkeiten, die einfache Zukunft auszudrücken. Was soll denn daran so einfach sein, werden Sie sich vielleicht fragen. Nun, ganz so schlimm, wie es klingen mag, ist es nicht. Zunächst aber eine Übersicht der verschiedenen Formen und ihrer Bildung:

1 *will*-Zukunft	*We'll see.*	*will/shall** (meist *'ll*) + Infinitiv
2 *going to*	*I'm going to tell him.*	*am/are/is going to* + Infinitiv
3 *-ing*-Form der Gegenwart	*I'm meeting* Tom tonight.	*am/are/is* + *-ing*-Form
4 einfache Gegenwart	*We arrive in Paris at 7 am.*	Infinitiv; bei *he, she, it* und Substantiven + *-(e)s*
5 *-ing*-Form der *will*-Zukunft	*I'll be talking* to Alan later on – I'll pass on your message.	*will/shall* (meist *'ll*) + *be* + *-ing*-Form

* *shall* nur bei *I/we*; auch hier ist aber *will* üblicher. *shall* in Fragen entspricht meistens »sollen«.

ⒼⒷⒹ Alles schön und gut, aber wann sagt man was? Wie immer wollen wir vom Deutschen ausgehen. Wichtig ist ganz allgemein, dass die einfache Gegenwart mit Zukunftsbedeutung (4. Möglichkeit) wesentlich seltener verwendet wird als im Deutschen.

Am ehesten versteht man den Gebrauch der verschiedenen Formen, wenn man die Zukunft in zwei große Bereiche aufteilt:
– Vorhersage *(Was wird geschehen?)*
– Vorhaben *(Was wollen wir eigentlich machen?)*

10.1 Voraus-/Vorhersagen oder *Sind Sie zukunftssicher?*

Man muss ja kein Hellseher oder Meteorologe sein, um Aussagen über die Zukunft zu wagen – wir machen das alle tagtäglich. Im Englischen stehen uns zu diesem Zweck zwei Zukunftsformen zur Verfügung:

1 Don't worry, you'**ll like** my mother.	*Keine Angst, du wirst meine Mutter schon mögen.*

■ Die *will*-Zukunft wird bei ganz allgemeinen Vorhersagen verwendet (**1**).

2 *I think he's going to jump!*   *Ich glaube, er springt gleich!*

■ Die **going to**-Form verwendet man, wenn der Sprecher sich so gut wie sicher ist, dass etwas tatsächlich passieren wird (**2**). Meist gibt es dafür schon Anzeichen in der Gegenwart: Man sieht es kommen, es ist vorprogrammiert, es bahnt sich an.

10.2 Absicht, Plan, Vereinbarung
oder *Machen wir was für morgen aus?*

Unser Leben in der heutigen Gesellschaft wird ja weitgehend von Terminen und Vereinbarungen bestimmt. Trotzdem bleibt aber noch ein kleiner Restraum für spontane Entscheidungen, und den wollen wir vorab kurz erwähnen:

3 *"I can't find my dentures."*   *»Ich find' mein Gebiss nicht.«*
     – "I'll help you look for them."   *– »Ich helf dir beim Suchen.«*

■ Bei spontanen, nicht vorher überlegten Absichtserklärungen verwendet man die **will**-Zukunft (**3**).

Häufig überlegt man sich aber seine Handlungen vorher:

4 *I'm going to spend* all my Christmas bonus today!	*Heute gebe ich mein ganzes Weihnachtsgeld aus!*

■ Bei *going to* hat sich der Handelnde die Sache schon vorher überlegt – er hat sich bewusst zu etwas entschlossen, das er zu gegebener Zeit ausführen wird (**4**).

Diese Zeitform kann auch die Entschlossenheit des Sprechers zum Ausdruck bringen:

I'm going to get through this chapter tonight if it kills me!	*Dieses Kapitel arbeite ich heute Abend noch durch – und wenn es mich umbringt!*

Wer kennt das nicht – manchmal muss man sich regelrecht von einem Termin zum anderen abhetzen:

5 *I'm meeting* Mr Warren at 4 o'clock, Mrs Forbes at 5, then Nicky *is picking* me up after work, and we're *going to* our belly-dancing class.	*Ich treff mich um 4 Uhr mit Mr. Warren, um 5 mit Mrs. Forbes, dann holt mich Nicky nach der Arbeit ab, und wir gehen zu unserem Bauchtanzkurs.*

■ Mit der *-ing*-Form der Gegenwart werden bereits festgelegte Pläne oder Vereinbarungen ausgedrückt (**5**). Dabei erscheint meistens eine Zeitangabe oder ein Fragewort der Zeit (*when* usw.) im Satz, um deutlich zu machen, dass es sich um die Zukunft und nicht um die Gegenwart handelt.

Oft sind die *going to*-Form und die *-ing*-Form der Gegenwart aber austauschbar:

Where *are* you *sleeping* tonight? Where *are* you *going to sleep* tonight?	*Wo schläfst du heute Abend?*

Bereits zu Beginn des Kapitels haben wir gesagt, dass die einfache Gegenwart mit Zukunftsbedeutung im Englischen seltener anzutreffen ist als im Deutschen. Dieser Zeitform begegnet man – wie auch im Deutschen – in Sätzen folgender Art:

6	The President **arrives** at 10.17 tomorrow morning.	*Der Präsident kommt morgen früh um 10.17 Uhr an.*
7	When **does** the bar **open?**	*Wann macht die Bar auf?*

■ Bei Terminen und Zeiten, die (meist anderweitig) festgelegt wurden (Abfahrts- und Ankunftszeiten, Geburtstage, Feiertage, Öffnungszeiten usw.), verwendet man die einfache Gegenwart (**6**, **7**).

Dann wollen wir uns noch kurz die *-ing*-Form der *will*-Zukunft ansehen:

8	We'**ll be landing** at Heathrow in ten minutes.	*In zehn Minuten werden wir in Heathrow landen.*

■ Wenn man betonen möchte, dass etwas ohnehin so geplant ist, verwendet man die *-ing*-Form der *will*-Zukunft (**8**).

 In solchen Fällen könnte man im Deutschen oft das Wort »*sowieso*« hinzufügen:

I'**ll be going** to the chemist's today, so I can get you your ear plugs.	*Ich geh heute (sowieso) zur Apotheke – da kann ich dir gleich Ohrstöpsel mitbringen.*

Oft wird diese Zeitform aber lediglich aus Höflichkeitsgründen benutzt, besonders wenn nach Wünschen oder Plänen gefragt wird. Sie schwächt nämlich die Erkundigung ab, lässt sie indirekter, zurückhaltender klingen:

Will you **be staying** another night, sir?	*Haben Sie vor, noch eine Nacht bei uns zu bleiben?*

Das war zugegebenermaßen ein bisschen viel auf einmal, also fassen wir das Wichtigste in einer Übersichtstafel zusammen:

Sprechabsicht	Zukunftsform
Vorher-/Voraussage	allgemeine Vorhersage: **will**-Zukunft **(He'll be safe here.)**
	Anzeichen deuten etwas an: **going to** **(Careful, it's going to fall!)**
Absicht, Plan, Vereinbarung	spontane Absichtserklärung: **will**-Zukunft **(I'll get it.)**
	Entschluss des Handelnden: **going to** **(I'm going to talk to the manager.)**
	fest geplante oder vereinbarte Handlung: Verlaufsform der Gegenwart **(I'm meeting Lucy at 6 o'clock.)**
	(anderweitig) festgelegter und meist unabänderlicher Termin: einfache Gegenwart **(They go back to school on September 1st.)**
	ohnehin schon vorgesehene Handlung: Verlaufsform der **will**-Zukunft **(This is what you'll be wearing.)**
	höfliche Anfrage: Verlaufsform der **will**-Zukunft **(How will you be celebrating your 90th birthday?)**

Anschließend noch kurz notiert:

9	He **won't know** what to do with it.	*Er wird nichts damit anzufangen wissen.*

■ Die verneinte Form **will not** wird fast immer zu **won't** abgekürzt (**9**).

Dann gibt es noch das Wörtchen »wenn«, dem wir an anderer Stelle ein ganzes Kapitel widmen (siehe Seite 123 ff.):

| **10** If you **don't stop** singing, madam, I'm afraid you'**ll have** to get off the bus. | *Wenn Sie nicht aufhören zu singen, werden Sie leider aussteigen müssen.* |

- Bei **if**-Sätzen vom Typ 1 (siehe Seite 124) erscheint im Hauptsatz meistens die **will**-Zukunft (**10**). Im Satzteil mit »wenn« kommt die einfache Gegenwart.

Ähnlich sieht es im folgenden Fall aus:

| **11** I'll give you a ring **when I get** to Delhi. | *Ich ruf dich an, wenn ich in Delhi ankomme.* |

- Bei Zeitsätzen mit **when, as soon as** (= *sobald*), **by the time** (= *bis*) und dergleichen kommt im Englischen, ähnlich wie im Deutschen, die einfache Gegenwart (**11**).

Und schließlich noch eine Anwendungsmöglichkeit der Verlaufsform der **will**-Zukunft:

| **12** This time tomorrow **I'll be lying** on the beach in Majorca. | *Morgen um diese Zeit werde ich am Strand auf Mallorca liegen.* |

- Die Verlaufsform der **will**-Zukunft drückt auch aus, dass zu einem bestimmten Zeitpunkt in der Zukunft ein Vorgang gerade ablaufen wird (**12**). Meist findet sich eine entsprechende Zeitangabe im Satz.

Und nun, wie immer, eine kleine Kontrollübung.

ÜBUNG 10   Bei seinem letzten Urlaub konnte es sich
Mr. King nicht verkneifen, bei der berühmten
Wahrsagerin Madame Mascura vorbeizuschauen. Hier ein Ausschnitt
aus ihrem Gespräch. Setzen Sie die richtige Zukunftsform in die
Lücken ein (zum Teil sind mehrere Lösungen möglich):

Madame Mascura: You _____ (have) a very unusual
experience soon.

Mr King: What _____ (happen)?

Madame Mascura: Before you _____ (leave) the island

you _____ (meet) a really beautiful
young lady.

Mr King: But I _____ (fly) back to London this

evening. My plane _____ (leave) in
two hours.

Madame Mascura: When you _____ (see) this girl, you

_____ (forget) all about London.

Mr King: But I _____ (have) lunch with Mr
Todd tomorrow – he's our managing director[1]!

Madame Mascura: You _____ (ask) the girl what she

_____ (do) tonight.

Mr King: But my wife Mary _____ (kill) me if
she finds out!

Madame Mascura: Nobody _____ (tell) her.

Mr King: I _____ (not, be able) to look her in
the face again.

Madame Mascura: Yes you _____ .   ▶

[1] Geschäftsführer

(Madame Mascura nimmt ihren Schleier ab.)

Mr King:	*Mary! What are you doing here?*
Mary King:	*Mr Todd sent me over to tell you that you*

_____ (be promoted[1]) and you can have an extra week's holiday because your sales figures[2] are so good. Well, why don't you

ask me what I _____ (do) tonight?

Mr King:	*I think I _____ (faint[3]).*
Mary King:	*Come on, we'd better go now – the real Madame*

Mascura _____ (meet) us in the hotel bar at six o'clock ...

[1]befördert werden   [2]Verkaufszahlen   [3]in Ohnmacht fallen

11 Frageform und Verneinung
oder
Wie man Fragen stellt und verneint

Which part of the word 'NO' don't you understand?

Mit der Frageform stellt man Fragen, während die Verneinungsform uns erlaubt, abzulehnen, zu verweigern bzw. eine andere Meinung auszudrücken, mit anderen Worten, »Nein« zu sagen.

Wenn man auf Englisch keine Fragen stellen und nichts verneinen kann, kommt man erfahrungsgemäß nicht sehr weit – bzw. man läuft Gefahr, zu weit zu gehen … Deshalb knöpfen wir uns nun diese zwei wichtigen Bereiche der alltäglichen Kommunikation vor, ohne Sie vorher zu fragen (damit Sie ja nicht Nein sagen können).

11.1 Fragen stellen
oder *Alles fraglich*

Wie üblich stürzen wir uns gleich in die Beispiele hinein, und zwar mit
Fragesätzen:

Are you crazy?	*Bist du verrückt?*
Can they understand us?	*Können sie uns verstehen?*
Has he made his bed?	*Hat er sein Bett gemacht?*

■ Fragesätze mit *be, have* als Hilfsverb (*has seen, had gone* usw.) sowie
den Hilfsverben* *can, could, should, may, must, need* und *will* werden
wie im Deutschen durch Umstellung von Subjekt und Verb gebildet.

Ansonsten werden Fragen folgendermaßen gebildet:

Do I know you?	*Kenne ich Sie?*
Did you get my message?	*Hast du meine Nachricht bekommen?*

■ Bei allen anderen Verben wird die Frageform mit *do* gebildet. Dabei
bleibt die übrige Wortstellung wie im Aussagesatz:

	Subjekt	+	Verb	+	Objekt
	He		likes		me.

do/does/did	Subjekt	+	Verb**	+	Objekt
Does	he		like		me?

Das gilt auch für *have*, wenn es als vollständiges Verb gebraucht wird:

Did you honestly **have** hundreds of girlfriends, Dad?	*Hast du ganz ehrlich hunderte von Freundinnen gehabt, Papa?*
Does she really **have** a bath every birthday?	*Nimmt sie wirklich an jedem Geburtstag ein Bad?*

---

* Siehe auch Kapitel 19 und 20, Seite 128 ff. und 136 ff.
** Immer in der Infinitivform (hier: *like*)

Wenn **have** in der Gegenwart im Sinne von »*haben*« oder »*besitzen*« verwendet wird, gibt es sogar zwei Möglichkeiten, von denen die zweite im gesprochenen (britischen) Englisch besonders beliebt ist:

Does he have a job?	*Hat er eine Stelle?*
Has he got a job?	

Dann hätten wir noch die Fragen mit den Fragewörtern, von denen wir ja schon einige kennen:

1	**Where do** you come from?	*Woher kommen Sie?*
2	**Why doesn't** he like me?	*Warum mag er mich nicht?*
3	**Who wrote** this rubbish?	*Wer hat denn diesen Blödsinn geschrieben?*
4	**Which** end **is** yours?	*Welches Ende ist deins?*

- Auch in Fragen mit einem Fragewort verwendet man **do** (**1**, **2**), es sei denn, das Fragewort ist Subjekt oder Teil des Subjekts im Satz – in diesem Fall antwortet es auf die Frage »wer?« oder »was?« (**3**, **4**).

11.2 Die Verneinung <u>oder</u> *Nein sagen*

Wir wollen ja nicht ausgesprochen negativ sein, aber man kommt manchmal nicht umhin, bestimmte Dinge zu verneinen. Im Englischen geht das folgendermaßen:

She **wasn't joking.**	*Das war ihr Ernst.*
I **haven't done** my tax return yet.	*Ich habe meine Steuererklärung noch nicht gemacht.*
We **can't go on** meeting like this.	*So können wir uns nicht mehr lange treffen.*
He **won't tell** me where my present is.	*Er sagt mir nicht, wo mein Geschenk ist.*

- Sätze mit **be, have** als Hilfsverb sowie den Hilfsverben **could, should, must, need** und **dare** bilden die Verneinung durch Anhängen von **-n't** an diese Verben.

- Bei **may, might** und **ought (to)** sowie zur Betonung setzt man **not** hinter das Verb.

- **I am** wird zu **I'm not.**
- **can** wird zu **can't** (betont auch **cannot**).
- **will** wird zu **won't.**

- Bei den anderen Verben wird die Verneinung wie die Frageform mit **do** gebildet:

I **don't like** Mondays.	*Ich mag den Montag nicht.*
You **didn't set** the alarm again.	*Du hast den Wecker wieder nicht gestellt.*

- Bei allen anderen Verben wird die Verneinung durch **don't/doesn't/didn't** + Infinitiv gebildet.
  Nur im formalen Stil und zur Betonung wird die vollständige Form (**do not** usw.) benutzt.

Das Vollverb **have** wird ebenfalls mit **do** verneint:

I **didn't have** a minute to spare.	*Ich hatte keine freie Minute.*

In der Gegenwart bietet **have** im Sinne von »*besitzen*« oder »*haben*« auch hier zwei Möglichkeiten:

But I **don't have** a twin brother.	*Ich habe doch keinen Zwillings-*
But I **haven't got** a twin brother.	*bruder.*

Jetzt wollen wir Frageform und Verneinung kombinieren, um unsere Ausdrucksmöglichkeiten noch zu erweitern:

Isn't he cute?	*Ist er nicht süß?*
Shouldn't we say something?	*Sollten wir nicht etwas sagen?*

- Zur Bildung der verneinten Frage nimmt man die Frageform und hängt ein **-n't** an das erste Verb **(Don't you ...?).**

- **am I** wird zu **aren't I.**

Dann gibt es Leute, die sich nie entscheiden können:

Can you remember the rule?	*Weißt du noch die Regel?*
– Yes, **I can.** Er, no **I can't.**	*– Ja. Uh, nein.*
Are you ready?	*Bist du fertig?*
– No, **I'm not ...** Yes, **I am.**	*– Nein ... Ja, doch!*
Do you like it?	*Gefällt es dir?*
– Yes, **I do.** Mm, no **I don't.**	*– Ja! Hm, nein, doch nicht.*

Bei Kurzantworten wird das erste Verb des Fragesatzes wiederholt.

War doch nicht so schwer, oder? Apropos, wie hätten Sie das auf Englisch gesagt? Hoffentlich nicht mit **or** am Ende des Satzes! Richtig heißt es: **That wasn't so difficult, was it?**

Noch ein paar Beispiele:

You **haven't** told him, **have** you?	*Du hast es ihm doch nicht gesagt, oder?*
He **can't** knit very well, **can** he?	*Er strickt nicht besonders gut, oder?*
This **is** the plane to Rome, **isn't** it?	*Das ist doch der Flug nach Rom, oder?*

■ In Fragen, die Bestätigung erwarten oder erhoffen (*»oder?«*, *»ne?«*, *»gell?«*), werden **be, have** und die Hilfsverben (**can, will** usw.) in den so genannten »Frageanhängseln« wiederholt.

 Ein bejahter Satz wird im Frageanhängsel verneint, ein verneinter Satz wird bejaht.

Bei den anderen Verben wird ja die Frageform mit **do** gebildet **(Do you remember?)**. Deswegen sollte man zur Einübung die »normale Frage« als Zwischenschritt bilden, und zwar wie folgt:

You hit him.	*Du hast ihn geschlagen.*
Did you hit him?	*Hast du ihn geschlagen?*
You **hit** him, **didn't you?**	*Du hast ihn doch geschlagen, oder?*

■ Vollständige Verben außer **be** und **have** werden im Frageanhängsel durch die entsprechende Form von **do** ersetzt.

■ Auch hier gilt: Ein bejahter Satz wird im Anhängsel verneint und umgekehrt.

ÜBUNG 11 Stellen Sie sich vor, Ihre Tante Sophie will ihr Englisch auffrischen und hat sich zu einem Urlaub in England entschlossen. Der Ärmelkanal ist überquert, und nun ist sie mit ihrem Wagen unterwegs in der Grafschaft Kent. Nach der ersten Rastpause passiert dann das Unvorstellbare: Die Tante sieht plötzlich tief in die Augen eines Jaguarfahrers, dessen Nase fest an seine Windschutzscheibe gepresst ist. Geisterfahrer in Großbritannien?
Bald darauf steht die arme Tante Sophie vor dem Richter. Hier ein Protokoll des Gesprächs – aber, gemein wie wir sind, haben wir alle Frage- und Verneinungsformen ausgelassen. Setzen Sie also, wo nötig, eine dieser Formen ein. Eine kleine Hilfe – die Fragesätze sind mit (?) gekennzeichnet.

Judge Royce:	*You knew you were driving on the wrong side of the road. (?)*
Defendant[1]:	*No, I did.*
Judge Royce:	*That kind of thing often happens in our country. The man in the Jaguar thought it was very funny.*
Defendant:	*But I did it on purpose[2].*
Judge Royce:	*That's the point. British drivers can handle maniacs[3] from the Continent. They want the roads over here to be turned into race tracks[4]. If the other driver had reacted quickly enough, you might be alive today. And Jaguars come very cheap these days. You had thought of that. (?)*
Defendant:	*No, I had.*
Judge Royce:	*You have something[5] else to say. (?)*
Defendant:	*I know exactly what to say. I'll do it again and I'll forget what you said.* ▶

[1]Angeklagte [2]absichtlich [3]Verrückte [4]regelrechte Rennstrecken [5]in der Frage: *anything*

Judge Royce:	*Good. Well, we're going to lock you up and I intend to inform my friend Siegfried in Flensburg – I want to spoil[1] your trip even more. Of course you can object to paying a fine[2].*
Defendant:	*I certainly can, your honour.*
Judge Royce:	*And forget this – in Great Britain we drive on the right-hand side of the road.*
Defendant:	*I'll forget that for a long time to come[3].*
Judge Royce:	*Now make sure you get into trouble again – I'd like to see you back here this summer.*

[1]verderben   [2]Geldstrafe   [3]noch lange

12 Das Passiv
oder

Hier wird um Ihre Aufmerksamkeit gebeten

He was knocked out by a stray boomerang

Hier heißt es nun aktiv werden, wenn man das Passiv im Englischen bewältigen will.

Das Passiv erlaubt uns zu sagen, dass etwas gemacht worden ist, ohne unbedingt zu verraten, wer der Täter war. Es geht hier darum, wem etwas passiert.

■ Die Bildung des Passivs erfolgt ähnlich wie im Deutschen:

This morning **I was asked** if I was a film star.	*Heute Morgen wurde ich gefragt / hat man mich gefragt, ob ich ein Filmstar sei.*
He was last **seen** at the zoo feeding the lions.	*Er wurde / Man hat ihn zuletzt im Tierpark beim Füttern der Löwen gesehen.*

Bildung des Passivs

Subjekt	+	**be**	+	past participle
He		was		fired.
Er		*wurde*		*gefeuert.*

Natürlich kann man aber auch im Passiv preisgeben, von wem etwas gemacht wird oder wurde bzw. wodurch etwas zustande gekommen ist:

We were stopped **by** the police.	*Wir wurden von der Polizei angehalten.*
He was knocked out **by** a stray boomerang.	*Er wurde durch einen verirrten Bumerang k. o. geschlagen.*

■ Das deutsche »*von*« bzw. »*durch*« wird im Passiv mit **by** wieder-gegeben.

Wenn der »Täter« unwichtig, unbekannt oder schon vorher genannt worden ist, wird er im Passivsatz ignoriert:

Someone's pinched my swimming trunks. – **My swimming trunks have been pinched.**	*Man hat mir die Badehose geklaut. – Mir ist die Badehose geklaut worden.*

(GB)(D) Einige größere Abweichungen vom Deutschen muss es natür-
lich geben, sonst wäre ja alles viel zu einfach:

We were helped with the formalities.	*Man hat uns bei den Formalitäten geholfen. / Uns wurde bei den Formalitäten geholfen.*
You've been shown how to do it three times now.	*Jetzt hat man Ihnen schon dreimal gezeigt, wie's geht.*

Die deutsche Entsprechung lautet hier natürlich nicht »*ich wurde gegeben*« oder »*wir wurden geholfen*«. Im Englischen ist aber eine solche Konstruktion (das so genannte »persönliche Passiv«) durchaus möglich, wobei der »Betroffene« immer an erster Stelle genannt wird.

(GB)(D) Bei folgenden englischen Verben ist das persönliche Passiv im
Gegensatz zum deutschen Gebrauch möglich:

tell	*sagen*	**give**	*geben*
help	*helfen*	**allow**	*erlauben*
send	*schicken*	**offer**	*anbieten*
show	*zeigen*	**advise**	*raten*
sell	*verkaufen*	**follow**	*folgen*

Man hat vielleicht schon bemerkt, dass man im Deutschen das Wört-
chen »*man*« relativ oft benutzt. Vielleicht hat man auch gemerkt, dass
die englischen Passivsätze in diesem Kapitel öfter mit »*man*« übersetzt
worden sind. Oder andersherum gesehen: Deutsche Sätze mit »*man*«
werden im Englischen sehr oft mit dem Passiv wiedergegeben, wie auch
in unserem letzten Beispiel:

I was given the smallest steak of all.	*Man hat mir das allerkleinste Steak gegeben.*

Also, wenn das nicht kurz und schmerzlos war! Aber damit Sie nicht zu
kurz kommen, hier noch ein (relativ schmerzloser) Abschlusstest.

ÜBUNG 12 Im folgenden Text sollen Sie die unter-
strichenen Teile ins Passiv umsetzen (denken
Sie auch daran, dass es reicht, wenn der »Täter« einmal genannt
worden ist):

*There I was, all alone in the middle of a crowded Oriental marketplace,
when suddenly <u>a beautiful young Arab girl approached me and told me</u>
to follow her. She took me through the narrow streets and passage-
ways to a tiny house and knocked on the door three times. Soon <u>a
small boy let us in and led us</u> up some stairs to a dark room. There <u>an
old white-haired man told me to sit down</u>. As there were no chairs, I sat
on the beautiful rug[1] in the middle of the room, and a moment later <u>the
girl joined me</u>[2]. She told me to close my eyes and think of a place I'd
like to be in, as this was a magic carpet and <u>it would take me</u> anywhere
I wanted to go. I closed my eyes and drifted away ...*

*Suddenly <u>a sharp pain in my side woke me up</u> and when I opened my
eyes <u>a blinding light dazzled[3] me</u>. Lying on a pile of rugs, I looked up at
the round, dark face of a cleaning lady who had been sticking her mop
into my ribs. "I think <u>they locked you in</u> when they closed up," she was
saying. "If you've finished your beauty sleep now, <u>I've got to switch all
the lights off</u> before eight." Then I realized what the bright glow[4] was –
it was the neon sign above her head saying: "Buy a Bargain Bukhara
Rug – Best Value in Town".*

[1]Teppich   [2]setzte sich zu mir   [3]blendete   [4]Schein

13 Das Partizip
oder
Die *-ing*-Form lässt wieder grüßen

You've kept me waiting again

Hier geht's nicht ums Prinzip, sondern ums Partizip.

Allzu strapaziös wird es aber hier nicht werden, denn die Bildung des Partizip Präsens (Mittelwort der Gegenwart, **-ing**-Form) haben wir ja schon in Kapitel 7 »erledigt« – das war eine der drei erschlagenen Fliegen auf Seite 59 –, und das *past participle* kennen wir ebenfalls aus den Kapiteln 9 und 12. Daher können wir jetzt gleich zu einigen der wichtigsten Anwendungsmöglichkeiten der Partizipien übergehen:

I **heard** you **sneaking** to the fridge.	*Ich habe dich zum Kühlschrank schleichen hören.*
We could **smell** our supper **burning**.	*Wir konnten riechen, wie unser Abendessen anbrannte.*
You've **kept** me **waiting** again.	*Du hast mich schon wieder warten lassen.*

(GB)(D) Das Partizip Präsens kann, im Gegensatz zum Deutschen, nach folgenden Verben stehen:

find	*finden*	**catch**	*erwischen*
leave	*(ver)lassen*	**keep**	*lassen*

… sowie nach den Wahrnehmungsverben:

see	*sehen*	**observe**	*beobachten*
hear	*hören*	**notice**	*bemerken*
smell	*riechen*	**watch**	*beobachten, sehen*
feel	*fühlen*		

■ Die Satzstruktur ist dabei die folgende:

Verb	**+ Objekt**	**+ Partizip Präsens**	
They	*heard*	*us*	*talking* about them.

Sie haben gehört, wie wir über sie redeten.

■ Im Deutschen steht oft ein Infinitiv oder eine Konstruktion mit »*beim*« oder »*wie*«.

■ Bei Vorgängen, die kurz ablaufen, kann man nach **see, hear, smell, feel** und **watch** auch den Infinitiv (ohne **to**) setzen:

I **felt** the mosquito **bite** me.	*Ich spürte, wie mich die Mücke stach.*

Bringen wir doch ein bisschen Bewegung in die Sache hinein:

The football **came flying** through the French windows.	*Der Fußball kam durch die Verandatür reingeflogen.*
They **sat** there **glaring** at each other.	*Sie saßen da und starrten sich wütend an.*

- Das Partizip Präsens kann auch unmittelbar nach folgenden Verben der Ruhe und Bewegung stehen:

come	*kommen*	**lie**	*liegen*
go	*gehen*	**stand**	*stehen*
sit	*sitzen*		

Im Deutschen steht dafür oft das Partizip Perfekt *(Er kam angesprungen)*.

Es wird Ihnen vielleicht aufgefallen sein, dass die englischen Beispielsätze manchmal kürzer sind als ihre deutschen Entsprechungen:

Die englischen Partizipien dienen oft dazu, einen Satz sozusagen auf elegante Art »schrumpfen« zu lassen. Noch ein paar Beispiele:

Coming out of the café, we bumped into our English teacher.	*Als wir aus dem Café kamen, sind wir unserer Englischlehrerin über den Weg gelaufen.*
Seeing he was asleep, I left him at the bar and went to bed.	*Da ich merkte, dass er eingeschlafen war, ließ ich ihn an der Bar zurück und ging ins Bett.*
Doing a bit every day, Stuart managed to tidy his room up in a month.	*Indem er jeden Tag ein bisschen was machte, schaffte es Stuart, in einem Monat sein Zimmer aufzuräumen.*

 Das Partizip Präsens wird zur Verkürzung von Nebensätzen verwendet (deutsch *da*, *als*, *indem*, *und*). Beide Satzteile müssen dabei das gleiche Subjekt haben!

Auch Vergangenes wird von den Engländern gern gekürzt wiedergegeben:

Having learnt English so easily, she decided to try Japanese.	*Da sie Englisch so mühelos gelernt hatte, entschloss sie sich, es mit Japanisch zu versuchen.*

■ **having** + *past participle* entspricht im Deutschen »*da / nachdem ... hatte(n)*« usw.:

Having eaten, (I) ...	*Da ich gegessen hatte, ...*

Relativsätze (siehe Kapitel 22, Seite 152 ff.) bleiben von diesem Kürzungstrieb nicht unverschont:

The man (who is) **shouting** up there on the stage is my fiancé.	*Der Mann, der da oben auf der Bühne herumschreit, ist mein Verlobter.*
The painting (that was) **found** on the rubbish dump was one of my early works.	*Das Gemälde, das auf dem Müll-platz gefunden wurde, war eins meiner Frühwerke.*

■ Relativsätze können mit dem Partizip Präsens oder dem *past participle* verkürzt werden.
Das Partizip steht dabei unmittelbar nach dem Substantiv *(the mouse **nibbling** at the cheese – die am Käse knabbernde Maus).*

 Dann gibt es schließlich noch ein Partizip, das leider von vielen Englischlernenden überstrapaziert wird, nämlich **being**. Damit Sie nicht den gleichen Fehler machen, sollten Sie daran denken, dass **being** nur selten am Satzanfang steht:

Being a rather shy type of person, he rarely shows his face.	*Da er ein ziemlich schüchterner Typ ist, zeigt er sich selten.*

being am Satzanfang entspricht im Deutschen ausschließlich der Konstruktion »*da / weil ...*«.

ÜBUNG 13 Genug der »Partizipienreiterei«. Jetzt gehts wieder an die Praxis – versuchen Sie, aus den folgenden Satzpaaren mithilfe eines Partizips jeweils einen Satz zu bilden:

1. *I heard her. She crunched her crisps all through the film.*
2. *He had broken both legs. He couldn't play football with us.*
3. *He just sits around all day. He moans about everything.*
4. *She came down the stairs. She was stomping like an elephant.*
5. *We have five TV sets. We all live together quite peacefully.*

14 Die indirekte Rede

oder

Petra hat gesagt,...

Claire said she was looking for her husband

Dieses Kapitel hat nichts mit »Durch-die-Blume-Reden« zu tun, obwohl
manche Engländer wahre Künstler der indirekten Ausdrucksweise sind.
Die indirekte Rede erlaubt uns, zu berichten, was schon gesagt worden
ist. Dabei wird die wörtliche, direkte, Rede (das, was geschrieben in
Anführungszeichen steht: »…«) in die nicht wörtliche, indirekte Rede
umgewandelt.

Wie sich die Zeiten ändern! Das gilt auch bei der indirekten Rede, und zwar wenn das einleitende Verb in der einfachen Vergangenheit steht (*she said, he asked* usw.). Folgende Tabelle zeigt die Zeitenfolge, das heißt, welche Änderungen notwendig sind:

DIREKTE REDE	→ INDIREKTE REDE
"I'm broke," said Paul. Paul said (that) he **was** broke.	»Ich bin pleite«, sagte Paul. *Paul sagte, er sei pleite.*
einfache Gegenwart	→ einfache Vergangenheit
"I'm **looking** for my husband," said Claire. Claire said (that) she **was looking** for her husband.	»Ich suche meinen Ehemann«, sagte Claire. *Claire sagte, dass sie ihren Ehemann suche.*
Verlaufsform der Gegenwart	→ Verlaufsform der Vergangenheit
"I **met** Grandad at the bank," said Jill. Jill said (that) she **had met** Grandad at the bank.	»Ich bin Opa bei der Bank begegnet«, sagte Jill. *Jill sagte, sie sei Opa bei der Bank begegnet.*
einfache Vergangenheit	→ Plusquamperfekt/ Vorvergangenheit (**had** + **past participle**)
"I **was walking** the dog when the accident happened," said Pam. Pam said (that) she **had been walking** the dog when the accident (had) happened.	»Ich führte den Hund gerade spazieren, als der Unfall passierte«, sagte Pam. *Pam sagte, sie habe den Hund gerade spazieren geführt, als der Unfall passiert sei.*
Verlaufsform der Vergangenheit	→ Verlaufsform des Plusquamperfekts (**had been** + **-ing**-Form)

"I've never **seen** anything like it,"
said Dr Grady.
Dr Grady said (that) he **had** never
seen anything like it.

»So etwas habe ich noch nie
gesehen«, sagte Dr. Grady.
Dr. Grady sagte, er habe so etwas
noch nie gesehen.

present perfect → **Plusquamperfekt**

"We've **been waiting** for hours,"
the class said.
The class said (that) they **had
been waiting** for hours.

»Wir warten schon seit Stunden«,
sagten die Schüler.
Die Schüler sagten, dass sie schon
seit Stunden warteten.

**Verlaufsform des present
perfect** → **Verlaufsform des Plusquam-
perfekts**

"I **had** never **been** on TV before,"
Jane said.
Jane said (that) she **had** never
been on TV before.

»Ich war noch nie im Fernsehen
gewesen«, sagte Jane.
Jane sagte, sie wäre noch nie im
Fernsehen gewesen.

Plusquamperfekt **bleibt** **Plusquamperfekt**

"I **had been expecting** something
stupid like that to happen," said
Mike.
Mike said (that) he **had been
expecting** something stupid like
that to happen.

»Ich hatte schon erwartet, dass so
etwas Blödes passiert«, sagte Mike.

Mike sagte, er habe schon erwartet,
dass so etwas Blödes passieren
würde.

**Verlaufsform des Plus-
quamperfekts** **bleibt** **Verlaufsform des Plus-
quamperfekts**

"I'**ll give** you a call," Thomas said. Thomas said (that) he **would give** me a call.	»Ich ruf dich an«, sagte Thomas. Thomas sagte, er würde mich anrufen.

will-Zukunft → **Konditional I** (**would** + Infinitiv)

"Neil **will have** missed the train," Helen said. Helen said (that) Neil **would have** missed the train.	»Neil wird den Zug verpasst haben«, sagte Helen. Helen sagte, dass Neil den Zug verpasst haben werde.

future perfect (**will/shall have** + **past participle**) → **Konditional II** (**would have** + **past participle**)

Das war zwar eine ziemlich lange »Latte«, aber dafür nicht so schwierig. Bei den »Einheimischen« werden Sie vielleicht merken, dass sie sich nicht immer an diese Regeln der Zeitverschiebung halten, aber Sie selbst werden sicherer fahren, wenn Sie sich nach unseren Angaben richten. Und jetzt wollen wir uns etwas kürzer fassen:

- Die Sätze in der indirekten Rede können mit oder ohne **that** geschrieben werden.

- Vor **that** steht kein Komma!

- Die Pronomen (**I, he** usw.) werden, wie im Deutschen, entsprechend geändert.

- Beachten Sie die englischen An- und Abführungszeichen: "…," sowie die Stellung des Kommas <u>vor</u> den Abführungszeichen.

Wie sieht es nun mit den Fragen aus?

"Where**'s** the key to the safe?" asked Penny. Penny asked where the key to the safe **was.** "When **did** you **get** home?" Dad asked. Dad asked (me) when I **had got** home.	»Wo ist der Schlüssel zum Tresor?«, fragte Penny. Penny fragte, wo der Schlüssel zum Tresor sei. »Wann bist du nach Hause gekommen?«, fragte Papa. Papa fragte (mich), wann ich nach Hause gekommen sei.

- Fragewörter (**who, which, what, where** usw.) in der direkten Rede werden wie im Deutschen in der indirekten Rede wiederholt.

- Die Wortstellung in der indirekten Rede ist wie im normalen Aussagesatz.

- Die Zeitenfolge ist wie in der Aufstellung (Seite 107ff.) angegeben.

"**Are** you married?" the bus conductor asked me. The bus conductor asked me **if I was** married. "**Do** you **like** squid?" asked Mrs Perkins. Mrs Perkins asked (me) **if I liked** squid.	»Sind Sie verheiratet?«, fragte mich der Schaffner. Der Schaffner fragte mich, ob ich verheiratet sei. »Mögen Sie Tintenfisch?«, fragte Mrs. Perkins. Mrs. Perkins fragte (mich), ob ich Tintenfisch mag.

- Wenn in der Frage kein Fragewort vorhanden ist, fügt man in der indirekten Rede für das deutsche »ob« **if** oder – etwas seltener – **whether** hinzu.

Neben Fragen können selbstverständlich auch Aufforderungen in die indirekte Rede umgewandelt werden:

"**Eat** properly!" Mum said. Mum **told us to eat** properly.	»Esst anständig!«, sagte Mutti. Mutti sagte, dass wir anständig essen sollten.

> "**Hurry up** with the tea!" Sue said to Trevor.
> Sue **told** Trevor **to hurry up** with the tea.

> »Beeil dich mit dem Tee!«, sagte Sue zu Trevor.
> Sue sagte Trevor, dass er sich mit dem Tee beeilen solle.

■ Befehle und Aufforderungen werden wie folgt wiedergegeben:

Subjekt	+	Verb	+	Objekt	+	**to**-Infinitiv
Ron		told		us		to be quiet.

Bleibt eigentlich nur noch die Wiedergabe der unvollständigen Hilfs-verben (die in Kapitel 19 und 20 behandelt werden). Und hier gibt es eine gute Nachricht – die meisten bleiben unverändert. Nur die folgenden werden umgewandelt:

DIREKTE REDE	→	INDIREKTE REDE
can	→	**could**
may	→	**might**
will	→	**would**
shall	→	**should**

Nach so viel Wiedergabe wissen Sie jetzt endlich, wie es Ihrem Kassetten-rekorder geht. Aber Sie müssen nochmal auf Ihre Abspieltaste drücken.

ÜBUNG 14 Stellen Sie sich folgende Situation vor: Sie sind zum ersten Mal seit vielen Jahren in England und wollen Bekannte besuchen, die Sie leider nicht vom Flughafen abholen können. Da müssen Sie mit dem Taxi zu Ihrem Ziel finden – und das ist gar nicht so einfach, wie Sie sich das vorgestellt haben, denn nach einer halben Stunde entsteht folgendes Gespräch:

Taxifahrer:	"Where d'you want to go exactly?"
Sie:	"21 Bank Road."
Taxifahrer:	"Is that in the centre of town?"
Sie:	"I've no idea – I've never been there before." ▶

Taxifahrer: *"D'you expect me to know where it is? D'you realize how many roads there are in London? I only started work as a taxi driver this morning. I was a long-distance lorry driver before – I can tell you every motorway café between here and Aberdeen."*

Sie: *"But I don't want to go to a motorway café."*

Taxifahrer: *"Well I do! So get out – I'm going to have some lunch ..."*

Daraufhin lässt Sie der Taxifahrer £50 zahlen und verabschiedet sich ... Als Sie sehr verspätet bei Ihren Bekannten eintreffen, wollen diese natürlich wissen, was passiert ist. Setzen Sie die fehlenden Teile des Berichts anhand des vorangegangenen Gesprächs ein:

Things went all right for the first half hour. Then the taxi driver asked me

exactly where I wanted to go. I gave him your address, and he asked

_____ .

I said I _____ *, as I* _____

before. The taxi driver got upset and asked if I

_____ .

Then he asked if _____ .

He told me he _____

this morning. He said _____

before, and that he _____ *every motorway café between*

there and Aberdeen. I said I _____ *to a motorway*

café, and he replied that he _____ . *Then he told me*

_____ *because he* _____ *some lunch ...*

15 Der Imperativ
oder

Wie man Befehle und Anweisungen gibt

WALK or DON'T WALK?

Gelegentlich muss man ja ein bisschen herumkommandieren dürfen – und dazu steht der so genannte Imperativ immer zur Verfügung.

Der Imperativ – oder die Befehlsform – erlaubt es uns, Anweisungen, Warnungen usw. gegenüber anderen auszudrücken.

Im Englischen kann man ganz einfach zum kleinen Diktator werden, denn es gibt jeweils nur eine Befehlsform, gleichgültig, ob man eine Einzelperson oder eine ganze Armee anspricht oder ob man sie duzt oder siezt. Vor dem Imperativ sind alle gleich.

1	**Go!**	*Geh! (bzw. Geht! / Gehen Sie!)*
2	**Keep** running!	*Lauf weiter!*
3	**Don't** jump!	*Nicht springen!*
4	**Don't** tell him I'm here!	*Sag ihm nicht, dass ich hier bin!*

■ Der Imperativ hat dieselbe Form wie der Infinitiv ohne **to** (**1**-**4**).

■ Durch Voranstellung von **don't** wird der Imperativ verneint (**3**, **4**).

Man kann den Imperativ auch noch befehlshafter klingen lassen:

5	**Stop** making a fool of her, **will you!**	*Hört doch auf, sie zu veräppeln!*

bzw. höflicher erscheinen lassen:

6	**Put** that away now, **will you?**	*Tu das jetzt weg, ja?*
7	**Leave** the cups in the sink, **would you.**	*Lassen Sie doch die Tassen in der Spüle.*

Durch Anhängen von **will you!** mit Ausrufezeichen unterstreicht man den Imperativ (**5**). Diese Form wird meistens in familiären Situationen gebraucht, besonders gegenüber Kindern.

■ Durch Anhängen von **will you?** mit Fragezeichen hört sich der Befehl freundlicher an (**6**).

■ Durch Anhängen von **would you** (ohne Frage- oder Ausrufezeichen) verwandelt sich der »Befehl« in eine höfliche Aufforderung (**7**).

Wie Sie sehen, ist das Ausrufezeichen für den Imperativ keineswegs Pflicht. Das gilt besonders auch bei Anweisungen etwa auf Lebensmittel- oder Medikamentpackungen:

8 **Pour** the sauce into a micro-waveable container and **heat** on full power for three minutes.
Die Sauce in einen mikrowellen-festen Behälter geben und drei Minuten lang auf höchster Stufe erhitzen.

GB D Das Ausrufezeichen wird im Englischen nur bei gehobener Stimme benutzt und ist daher viel seltener anzutreffen als im Deutschen.

Sollte es aber noch bedrohlicher klingen, nimmt man das Wort **you** zu Hilfe:

9 **You come** here straightaway and apologize!
Komm sofort hierher und entschuldige dich!

10 **Don't you** talk to me like that!
Untersteh Sie sich, mich so anzureden!

Durch Einfügung von **you** klingt der Befehl noch bestimmter oder auch bedrohlicher (**9**, **10**).

Ohne Ausrufezeichen sieht die Sache aber wieder ganz anders aus:

11 **You stay** in the car while I phone the garage.
Bleib du im Auto, während ich die Werkstatt anrufe.

■ Bei einer wohlwollenden Aufforderung erhält der Imperativ durch **you** (ohne Ausrufezeichen) eine sanfte Bestimmtheit (**11**).

Und hier eine weitere Möglichkeit, den Imperativ zu verstärken:

12 **Always say** "please" when you want something.
Sag immer »bitte«, wenn du etwas haben möchtest.

13 **Never leave** valuables lying in the car.
Lassen Sie nie Wertgegenstände im Auto liegen.

- **always** und **never** – der Imperativform vorangestellt – dienen der Verstärkung der Aussage (**12**, **13**).

Zu guter Letzt noch der Doppelimperativ, der aber keineswegs den doppelten »Drohfaktor« enthält:

14 **Try** and **persuade** him to stop smoking.	*Versuch doch, ihn zu überzeugen, dass er das Rauchen aufgeben soll.*
15 **Come** and **see** my new bike.	*Guck dir doch mal mein neues Fahrrad an.*

- Der so genannte Doppelimperativ besteht aus zwei Verben, die durch **and** verbunden sind (**14**, **15**). Auf diese Weise können die Verben **come, go, try** und **wait** verwendet werden. Im Deutschen wird dies oft mit *»doch«* wiedergegeben.

ÜBUNG 15 Übersetzen Sie! (Wenn dieser Befehlston erlaubt ist.)

1. *Kommen Sie her!* _____

2. *Setz dich hier hin, während ich den Tee hole.*

   _____

3. *Tu es nicht!* _____

4. *Geh doch weg!* _____

5. *Schalt den Fernseher jetzt aus, ja?*

   _____

6. *Ihr macht aber sofort eure Hausaufgaben!*

   _____

7. *Sprich nie mit Fremden!*

   _____

16 »lassen«
und
Was man damit tun kann

Lassen Sie sich nun in die Geheimnisse des Wortes _lassen_ einweihen, dessen Übertragung ins Englische eine häufige Fehlerquelle für Englischlernende darstellt. Je nach Zusammenhang kann _lassen_ nämlich durch **leave** oder **let** übersetzt werden. Sehen Sie sich dazu folgende Beispiele an:

1 We always **leave** the dog in the kitchen when we go out.　　_Wir lassen den Hund immer in der Küche, wenn wir ausgehen._

■ **leave** bedeutet »zurücklassen«, »so lassen, wie / wo es ist / war«. Der Zustand bleibt unverändert (**1**).

Häufig kommt **leave** als Übersetzung für »*lassen*« in Verbindungen mit anderen Verben oder Präfixen (Vorsilben) vor:

2 **Leave** the glasses – I'll clear them away later.	*Lass die Gläser stehen – ich räume sie später weg.*
3 Do you want to **leave** a message?	*Wollen Sie eine Nachricht hinterlassen?*
4 He just **left** his wife and three young children.	*Er hat seine Frau und drei kleinen Kinder einfach verlassen.*

Wir verlassen nun **leave** und wenden uns **let** als Übersetzung von »*lassen*« zu:

5 I always **let** Michael stay up late.	*Ich lasse Michael immer lange aufbleiben.*
6 **Let** me have a go!	*Lass mich mal!*

■ **let** bedeutet »*erlauben*«, »*zulassen*«. Der Zustand wird geändert.

Es wird in folgender Konstruktion verwendet:

let + Objekt + Infinitiv ohne **to** (**5**, **6**)

➡ Und zum Schluss noch eine Besonderheit:

7 She **was not allowed** to smoke inside the cabin.	*Man ließ sie nicht in der Kabine rauchen.*

■ **let** kann nicht im Passiv erscheinen; stattdessen wird folgende Konstruktion verwendet:

be allowed to + Grundform des Verbs (**7**)

Lassen Sie nun Ihre neu erworbenen Kenntnisse prüfen:

ÜBUNG 16   **Übersetzen Sie die folgenden Sätze.**

1. *Sie ließ das Baby im Garten liegen.*

   _____

2. *Lass mich bitte bleiben!*

   _____

3. *Lass den Hamster nicht raus!*

   _____

4. *Er hat letztes Jahr die Schule verlassen.*

   _____

5. *Du hast mich im Stich gelassen[1].*

   _____

6. *Man lässt ihn nicht fliegen.*

   _____

7. *Lass sie nie ins Haus!*

   _____

8. *Lass ihn in Ruhe.*

   _____

---

[1] im Stich lassen = *leave in the lurch*

17 Der Konjunktiv
oder
Wie man Möglichkeiten beschreibt

Mithilfe des Konjunktivs werden Wünsche, Vorschläge, Forderungen und dergleichen ausgedrückt. Es geht also um mögliche und nicht reale Sachverhalte.

17.1 Der Konjunktiv Präsens
oder *"Bless you!"*

Wie auch in anderen Sprachen hat der Gebrauch des Konjunktivs im Englischen stark abgenommen. Die Form überlebt noch in einigen festen Redewendungen, wie z. B.:

1	(God) **Bless you!**	*Gesundheit!* (beim Niesen)
2	Long **live** the king!	*Lang lebe der König!*
3	God **forbid!**	*Gott behüte!*

■ Im Konjunktiv Präsens gilt für alle Personen die Grundform des Verbs (ohne *to*), z. B. *bless, be, say* usw.

 Kein **-s** in der 3. Person Singular!

Es gibt einige Verben, nach denen der Konjunktiv Präsens häufiger erscheint:

| **4** | I **suggested** he **see** another doctor. | *Ich schlug vor, dass er einen anderen Arzt aufsuchen sollte.* |
| **5** | They **insisted** that her father **pay** the ransom straightaway. | *Sie bestanden darauf, dass ihr Vater das Lösegeld sofort bezahle.* |

■ Verben, die eine Forderung, einen Vorschlag, eine Bitte, einen Befehl o. Ä. ausdrücken, werden oft mit dem Konjunktiv Präsens verbunden (**4**, **5**). Dazu gehören u. a. folgende: *suggest, propose, recommend, ask, request, demand, insist.*

In solchen Fällen erscheint auch *should* oft vor dem Verb:

| **6** | I **asked** that he **(should) be moved** to another ward. | *Ich bat darum, dass er auf eine andere Station gebracht werde.* |

17.2 Die Vergangenheitsform des Konjunktivs oder *Ich wünschte, ich wäre in England*

■ Die Vergangenheit des Konjunktivs ist formgleich mit der einfachen Vergangenheit, mit einer Ausnahme:

| **7** | I wish she **was/were** here. | *Ich wünschte, sie wäre hier.* |

■ Beim Verb **to be** kann als Vergangenheitsform des Konjunktivs neben **I/he/she/it was** auch **I/he/she/it were** verwendet werden (**7**).

Dann gäbe es noch folgende Fälle:

8	If I **were** you I'd get a haircut.	*Ich an deiner Stelle würde mir die Haare schneiden lassen.*
9	**It's** (about) time/**It's** high time we **left**.	*Es ist an der Zeit/höchste Zeit, dass wir gehen.*

■ Der Gebrauch der Vergangenheitsform des Konjunktivs beschränkt sich generell auf einige Wendungen, die Sie auswendig lernen sollten:

If I were you ..., I wish ..., It's time ..., It's about time ..., It's high time ...

Sie drücken in der Regel einen Wunsch oder einen Vorschlag aus (**8**, **9**).

ÜBUNG 17   Setzen Sie die richtige Form des Verbs in Klammern ein.
In manchen Fällen gibt es zwei Möglichkeiten:

1. It's time he _____ (come) home.

2. _____ (bless) you!

3. I suggest that he _____ (apply) for university.

4. If I _____ (be) her, I'd divorce him straightaway.

5. I wish the dog _____ (be, not) so noisy.

18 Die *if*-Sätze

oder

Wenn das kleine Wörtchen »wenn« nicht wäre

You'd find the book easier to read if you turned it the other way up

Ursprünglich wollten wir Ihnen ein Buch ohne Wenn und Aber präsentieren: Aber, ganz ohne Wenn geht es wohl doch nicht, wenn wir die so wichtigen **if**-Sätze mit einbeziehen wollen, denn:

Die **if**-Sätze geben uns unter anderem die Möglichkeit zu spekulieren und Bedingungen zu stellen.

Ein **if**-Satz kommt aber selten allein (höchstens bei ernst gemeinten Drohungen – **If that happens one more time ...**). Vor oder hinter ihm erscheint fast immer ein so genannter Bedingungssatz, der uns mitteilt, was wäre, wenn ...

Wie im Deutschen gibt es drei Grundtypen der **if**-Sätze, die Sie sich merken sollten:

TYP 1

*If you **study** this book, your English **will** improve dramatically.*

Wenn Sie dieses Buch durcharbeiten, wird sich Ihr Englisch dramatisch verbessern.

■ einfache Gegenwart im **if**-Satz;
will-Zukunft im anderen Satzteil

TYP 2

*If you **studied** this book, your English **would** improve dramatically.*

Wenn Sie dieses Buch durcharbeiten würden / durcharbeiteten, würde sich Ihr Englisch dramatisch verbessern.

■ einfache Vergangenheit im **if**-Satz;
would + Infinitiv im anderen Satzteil

TYP 3

*If you **had studied** this book, your English **would have** improved dramatically.*

Wenn Sie dieses Buch durchgearbeitet hätten, hätte sich Ihr Englisch dramatisch verbessert.

■ Plusquamperfekt (**had** + *past participle*) im **if**-Satz;
would have + *past participle* im anderen Satzteil

Diese **if**-Sätze drücken genau das Gleiche aus wie die entsprechenden deutschen Bedingungssätze; und wie im Deutschen kann der **if**-Satz am Anfang des Satzes stehen oder an späterer Stelle kommen. Es hätte also auch heißen können:

> *Your English **will improve** dramatically **if** you **study** this book* usw.

 Besonders problematisch für Deutschsprachige sind **if**-Sätze vom Typ 2, und zwar deswegen, weil man ganz gern **would** in den **if**-Satz hineinschmuggelt. Das kommt von der deutschen Ausdrucksweise:
Es wäre einfacher, wenn du sie ignorieren würdest.

Das heißt aber auf Englisch:
*It **would be** easier **if** you **ignored** them.*

 Denn:
- Im **if**-Satz selbst erscheinen **will** und **would** fast nie.

Das waren eine ganze Menge Wenns auf einmal – deswegen noch ein Beispiel in allen drei Grundformen:

> **TYP 1:** *If she **gets** the job, **I'll eat** my hat.* *(Wenn sie den Job kriegt, fress ich einen Besen.)*
> **TYP 2:** *If she **got** the job, **I'd eat** my hat.*
> **TYP 3:** *If she **had got** the job, **I'd have eaten** my hat.*

 Besonders im gesprochenen Englisch wird häufig die Kurzform **'d** statt **would** gebraucht: **she'd** statt **she would** usw.

Bevor wir ein paar abschließende Bemerkungen über Abweichungen vom Grundschema machen, schalten wir ausnahmsweise den üblichen kleinen Test dazwischen.

| **ÜBUNG 18** | Sie sollen folgende Satzteile so zusammensetzen, dass sie sinnvolle Aussagen bilden. |

Achten Sie dabei immer darauf, dass die Zeiten in den beiden Teilen in eines der angegebenen Grundmuster passen:

A *If we had got up a bit earlier,*

1 *you'll be able to do it yourself.*

B *She wouldn't say such things*

2 *if I wash your socks for you, Dave?*

C *You'd find the book easier to read*

3 *if you weren't so nasty to her.*

D *Will you help me with my knitting*

4 *we wouldn't have missed our wedding.*

E *He wouldn't have been so mad*

5 *if you turned it the other way up.*

F *If you're so clever,*

6 *if you hadn't forgotten to pick him up again.*

Jetzt dürfen Sie sich wieder entspannen – aber nur ein bisschen, denn ein paar weitere Beispiele sollten Sie sich noch ansehen. Die drei besprochenen **if**-Satz-Typen bilden nur das Grundmuster, das aber auch Variationen zulässt. Das wollen wir anhand des **if**-Satzes vom Typ 1 zeigen:

1 *If* she **passes** the exam, *it'll have been* worth all the effort.

Wenn sie die Prüfung besteht, wird sich die ganze Mühe gelohnt haben.

2 *If* you **don't watch** out, you're **going to have** an accident.

Wenn du nicht aufpasst, passiert noch was.

3 *If* you**'re looking** for Roger, he**'s** at the bar.

Wenn du Roger suchst, er ist an der Bar.

4 *If* you**'ve finished** the ironing, you **can take** the kids to the playground.

Wenn du mit dem Bügeln fertig bist, kannst du mit den Kindern zum Spielplatz gehen.

If you don't watch out you're going to have an accident

Wie Sie sehen, sind Variationen in beiden Satzteilen möglich. So kann statt der **will**-Zukunft jede andere Zukunftsform verwendet werden (**1**, **2**), entsprechend den Regeln für ihren Gebrauch (siehe Kapitel 10, Seite 81). Im **if**-Satz selbst kann statt der einfachen Gegenwart die Verlaufsform der Gegenwart stehen (**3**) oder aber das *present perfect* (**4**). Ähnlich variantenreich sind auch die anderen zwei Grundtypen.

 Unser Rat wäre aber: Prägen Sie sich doch am besten die Grundtypen gut ein – mit ihnen kommen Sie schon sehr weit.

Die verschiedenen anderen Möglichkeiten entsprechen fast immer den Regeln für den Gebrauch der Zeiten, die Sie anderswo in diesem Buch lernen können (vgl. Kapitel 7 bis 10), und sie werden Ihnen schon deshalb nicht so schwer fallen, weil auch im Deutschen auf ähnliche Weise vom Grundmuster abgewichen wird.

Genug der Wenns! Hoffentlich können Sie's jetzt aus dem *"if-if"*, denn es geht gleich mit einem neuen Thema weiter.

19 Die unvollständigen Hilfsverben I
oder
Hilfe!

Jeder von uns braucht gelegentlich ein bisschen Hilfe, und den Verben geht es auch nicht anders. Für den Fall stehen Ihnen dann solche Verben wie *»können«, »dürfen«, »müssen«* oder *»sollen«* zur Seite – deswegen heißen sie auch »Hilfsverben«. Ähnlich hilfreich sind auch einige englische Verben, die aber durch einen kleinen Kunstfehler gekennzeichnet sind: Sie sind nämlich unvollständig (na ja, *nobody's perfect*). Hier einige der wichtigsten: **can/could; may/might; must; will/shall; ought to.**

19.1 »können« oder *Wer kann, der kann...*

Die sehen aber doch ganz normal aus, werden Sie vielleicht sagen. Was soll ihnen denn fehlen? Eine ganze Menge, wie Sie gleich sehen werden:

I can fly no problem, but I've never *been able to* drive.	*Fliegen ist für mich kein Problem, aber Autofahren habe ich noch nie gekonnt.*

Die genannten Verben sind deshalb »unvollständig«, weil sie bestimmte Zeitformen nicht bilden können. Für die fehlenden Zeiten müssen andere Verben oder Ausdrücke mit ähnlicher Bedeutung (so genannte »Ersatzformen«) herhalten – in unserem Beispiel *be able to*.

Wie die anderen Ersatzformen im Einzelnen lauten, erfahren Sie im Laufe dieses und des nächsten Kapitels. Zunächst aber noch ein paar Besonderheiten:

He *must* be crazy to do a thing like that.	*Er muss verrückt sein, um so etwas zu tun.*

■ Im Gegensatz zu den anderen englischen Verben haben die unvollständigen Hilfsverben in der Gegenwart die gleiche Form für alle Personen (also **kein -s** nach *he, she, it* usw.): **she must** *(sie muss)*, **he can** *(er kann)* usw. (im Gegensatz zu **she buys** usw.)

Wie wir schon in Kapitel 11 (vgl. Seite 90 ff.) gesehen haben, verhalten sich diese Verben auch bei Fragen und in der Verneinung etwas anders als »normale« Verben. Zur Erinnerung:

■ Bei Fragen mit unvollständigen Hilfsverben erfolgt eine einfache Umstellung wie im Deutschen *(Can I have one?)*.

■ Auch bei der Verneinung gibt es keine Umschreibung mit **to do** *(You mustn't tell anyone)*. Folgende Kurzformen sind besonders gebräuchlich:
can't (cannot), couldn't (could not), mustn't (must not).

Noch erwähnenswert:

He **can do** it really well.	*Er kann es wirklich toll.*
Can you **speak** Arabic?	*Kannst du Arabisch?*

(GB)(D) Im Gegensatz zum Deutschen stehen die englischen Hilfsverben selten allein. Das erforderliche Vollverb (in den Beispielen **do** und **speak**) wird hinzugefügt.

Ausnahmen sind lediglich Kurzantworten und Frageanhängsel (siehe auch Kapitel 11, Seite 94):

We can pay next time, **can't we?**	*Wir können doch nächstes Mal zahlen, oder?*
Must I dance with Rachel? – Yes, you **must.**	*Muss ich mit Rachel tanzen? – Ja, du musst.*

Nun aber zum Kern der Sache. Gerade weil diese Verben »Hilfsverben« sind, helfen sie uns, uns präziser und variantenreicher auszudrücken. Mit der gesamten Bedeutungspalette, die diese Verben eröffnen, wollen wir Sie hier aber nicht überlasten – das wäre zu viel des Guten. Stattdessen beschränken wir uns in diesem und im nächsten Kapitel darauf, die wichtigsten Entsprechungen von jeweils zwei deutschen Hilfsverben zu erläutern:

können	
How **can** you tell I'm a foreigner?	*Woran erkennen Sie, dass ich Ausländer bin?*
She **could** whistle at the age of two.	*Mit zwei Jahren konnte sie pfeifen.*
I've never been able to resist such offers.	*Solchen Angeboten konnte ich noch nie widerstehen.*
I **won't be able to** fit in a new bath before the summer.	*Ich werde vorm Sommer kein neues Bad einbauen können.*

■ Wenn das deutsche *»können«* eine Fähigkeit ausdrückt, nimmt man im Englischen **can** (Gegenwart) bzw. **could** (Vergangenheit).

Sonst übersetzt man *»können«* mit der entsprechenden Form von **be able to** *(= in der Lage sein zu, fähig sein zu)*, das in allen Zeiten verwendbar ist.

Mit dem deutschen *»können«* ist aber einiges mehr möglich:

Can I borrow your Rolls for a couple of hours?	*Kann ich mir deinen Rolls-Royce für ein paar Stunden ausleihen?*

Wenn *»können«* im Sinne von *»dürfen«* verwendet wird, nimmt man im Englischen **can**.

Und:

That **may/might** be true.	*Das kann schon sein.*

■ Wenn *»können«* eine Möglichkeit ausdrückt, nimmt man im Englischen in der Gegenwart **may** oder **might** (kein wesentlicher Bedeutungsunterschied).
In der Vergangenheit lautet die Form **may have/might have.**

Hier nun das Verb *»können«* noch einmal im Überblick:

können **Was drückt es aus?**	**Englische Entsprechung**
Fähigkeit *(= in der Lage sein, imstande sein)*	**can** (Gegenwart) **could** (Vergangenheit) **be able to** (alle Zeiten)
Erlaubnis *(= dürfen)*	**can** (Gegenwart)
Möglichkeit *(= vielleicht)*	**may/might** (Gegenwart) **may have/might have** (Vergangenheit)
Sonst nimmt man zur Übersetzung von *»können«* **be able to**.	

Können Sie's jetzt? Dann dürfen Sie gleich weitermachen.

19.2 »dürfen«
oder Darf ich mal?

Can/May I have a go too?	*Darf ich auch mal?*
Are you **allowed** to park here?	*Darf man hier parken?*
No, you **can't** go to Florida with Terry.	*Nein, du darfst nicht mit Terry nach Florida.*
I**'m not allowed** to answer questions like that.	*Solche Fragen darf ich nicht beantworten.*

Wichtig ist hier, ob es sich um einen Einzelfall handelt oder um eine allgemeine Erlaubnis bzw. um ein allgemeines »Verbot« (ist etwas überhaupt erlaubt/verboten?):

- Bei Erlaubnis im Einzelfall übersetzt man »*dürfen*« mit **can** oder – wenn man bei Bitten besonders höflich sein will – **may**.
- Bei Verbot im Einzelfall übersetzt man »*nicht dürfen*« mit **can't**.
- Bei Erlaubnis/Verbot im Allgemeinen nimmt man **(not) be allowed to.** Hier könnte man im Deutschen »*überhaupt*« hinzufügen.

 Aber es ist noch lange nicht alles »*verboten*«, was man »*nicht darf*« – oft benutzt man diese Formel, um gut gemeinte Ratschläge, Warnungen oder Aufforderungen auszudrücken:

We **mustn't** lose any time.	*Wir dürfen keine Zeit verlieren.*
You **mustn't** take things so seriously.	*Du darfst nicht alles so ernst nehmen.*

Und im Nachhinein weiß man alles besser:

You **shouldn't have** washed it so often.	*Sie hätten ihn nicht so oft waschen dürfen.*

■ Wenn mit »*nicht dürfen*« ein Ratschlag oder eine Aufforderung aus-
gedrückt wird, nimmt man im Englischen in der Gegenwart **shouldn't**
oder (stärker) **mustn't**. Für die Vergangenheit (»*hätte[st]* usw. *nicht
dürfen*«) nimmt man **shouldn't have**.

mustn't heißt auf keinen Fall »muss nicht«!

Auch hier eine Zusammenfassung:

dürfen Was drückt es aus?	Englische Entsprechung
Allgemeine Erlaubnis	**be allowed to** (alle Zeiten)
Erlaubnis im Einzelfall	**can/** besonders höflich: **may** (Gegenwart) **be allowed to** (andere Zeiten)

nicht dürfen Was drückt es aus?	Englische Entsprechung
Allgemeines »Verbot«	**not be allowed to** (alle Zeiten)
»Verbot« im Einzelfall	**can't** (Gegenwart)
Ratschlag oder Aufforderung	**shouldn't/mustn't** (Gegenwart) **shouldn't have** (Vergangenheit: »*hätte[st]* usw. *nicht dürfen*«)

Bevor es im nächsten Kapitel mit »*müssen*« weitergeht, gibt es den
obligatorischen kleinen Test.

ÜBUNG 19 Nachdem er in London gut angekommen ist, macht sich Herr Diesl auf den Weg zur Autovermietung. Hier ein Ausschnitt aus seinem Gespräch mit Mr. Barnes, dem Filialleiter. Übersetzen Sie jeweils die deutschen Wörter in Klammern ins Englische:

Mr B.: *Oh, I see you're from Germany.* _____

(können Sie) *drive a British car?*

Herr D.: *Young man,* _____ (ich konnte) *fly a helicopter when I was 18.*

Mr B.: *Oh dear,* _____ (Sie dürfen nicht) *be offended[1], sir – it's just that some continentals should* _____

_____ (nicht benutzen dürfen) *British roads.*

Why, some of them even forget that you _____

_____ (nicht dürfen) *drive on the right-hand side over here.*

Herr D.: *That* _____ (kann schon) *be true. But tell me, don't you think you* _____ (könnten vielleicht) *be frightening customers away[2] by asking them what they* _____ (können) *and what they* _____

(nicht können)?

Mr B.: *Yes, but I* _____ (darf nicht) *forget my duty to protect[3] the British driver from foreign menaces[4] on the roads.*

Herr D.: *Well, on some other occasion* _____

(erzähle ich Ihnen vielleicht) *a thing or two about British visitors to the Continent, Mr ..., er ...*

---

[1]beleidigt sein [2]Kunden abschrecken [3]schützen [4]Plagen, gefährliche Personen

Mr B.: Barnes.

Herr D.: Mr Barnes, but I _____ (darf nicht) *waste any more time here otherwise*[1] *I* _____ (werde nicht können) *get all my other inspections*[2] *done. By the way, if you ever need any advice on travelling to Germany, you* _____ (können) *always contact me at your European headquarters in Frankfurt. Just ask for the managing director. Goodbye, Mr Barnes!*

[1]sonst   [2]Kontrollbesuche

Es muss mit den Hilfsverben weitergehen, aber Sie sollen nicht verzagen, denn bald werden Sie's können, und dann dürfen Sie dieses (Doppel-) Kapitel der englischen Grammatik guten Gewissens abhaken.

20.1 »müssen« oder *Wenn man mal muss...*

Da gibt es ein unvollständiges Hilfsverb im Englischen, das sich als
Übersetzung für »müssen« geradezu aufdrängt, nämlich **must**. Es gibt tatsächlich auch Situationen, in denen **must** für »müssen« verwendet wird,
zum Beispiel, wenn man sich seiner Sache ganz sicher ist:

But you **must** remember me – I'm your brother!	*Aber du musst dich an mich erinnern – ich bin doch dein Bruder!*
It **must** have been her.	*Sie muss es gewesen sein.*

■ Wenn mit »*müssen*« eine sichere Annahme oder Überzeugung ausgedrückt wird, nimmt man im Englischen **must** bzw. für die Vergangenheit **must have.**

Dies wird im Deutschen übrigens oft durch »*sicher*«, »*bestimmt*« oder
»*wohl*« ausgedrückt:

You **must** be exhausted.	*Sie sind bestimmt todmüde.*
You **must** be joking.	*Du machst wohl Witze!*

Aber dann gibt es auch Dinge, die schlichtweg notwendig sind:

I really **must** get a haircut.	*Ich muss mir unbedingt die Haare schneiden lassen.*

■ In der Gegenwart übersetzt man »*müssen*« mit **must**, wenn der
Sprecher selbst etwas für notwendig hält.

Es wird aber nicht jedes Muss von einem selbst bestimmt:

I**'ve got to** pick my mother-in-law up at the station.	*Ich muss meine Schwiegermutter vom Bahnhof abholen.*

■ Wenn die Verpflichtung oder Notwendigkeit von außen her kommt,
nimmt man in der Gegenwart **has to/have to** oder, besonders im
gesprochenen (britischen) Englisch, **has got to/have go to.**

Folgende Beispiele zeigen den Unterschied:

I **must** take my medicine now.	*Ich muss jetzt meine Medizin einnehmen (weil ich selbst überzeugt bin, dass es notwendig ist).*
I**'ve got to** take my medicine now.	*Ich muss jetzt meine Medizin einnehmen (weil es mir der Arzt so verordnet hat).*

Der Übergang zwischen beiden Möglichkeiten ist fließend und oft sind sie austauschbar, wobei **must** aber immer auf die innere Verpflichtung oder Überzeugung des Sprechers deutet:

I'm afraid I **must** go/I**'ve got to** go now – I**'ve got to** be home by six.	*Ich muss jetzt leider gehen – ich muss nämlich bis um sechs zu Hause sein.*

Bei den anderen Zeiten sieht die Sache dafür wesentlich einfacher aus:

I **had to** buy a new toothbrush last week.	*Ich musste mir letzte Woche eine neue Zahnbürste kaufen.*
You**'ll have** to explain that to the boss.	*Das werden Sie dem Chef erklären müssen.*

■ In allen anderen Zeiten außer der Gegenwart benutzt man für »*müssen*« bei einer Notwendigkeit ausschließlich die entsprechende Form von **have to**.

Bleibt noch eine wichtige Frage offen: Wenn **mustn't** »*nicht dürfen*« bedeutet, was heißt dann »*nicht müssen*« auf Englisch?

You **needn't** eat it if you don't want to.	*Du musst es nicht essen, wenn du nicht willst.*
I **don't have to** get up early for a whole week.	*Eine ganze Woche lang muss ich nicht früh aufstehen.*

■ Bei »*nicht müssen*« nimmt man **needn't** bzw. für die Vergangenheit **needn't have**, wenn der Sprecher selbst etwas für nicht notwendig hält.
Sonst nimmt man die entsprechende Form von **not have to** (in allen Zeiten verwendbar).

Noch einmal im Überblick:

müssen Was drückt es aus?	Englische Entsprechung
Sichere Annahme oder Überzeugung	**must** (Gegenwart) **must have** (Vergangenheit)
Sprecher hält etwas für notwendig	**must** (Gegenwart)
Äußere Umstände / Bedingungen machen etwas notwendig	**has (got) to/have (got) to** (Gegenwart)
Sonst nimmt man zur Übersetzung von »*müssen*« die entsprechende Form von **have to**.	

nicht müssen Was drückt es aus?	Englische Entsprechung
Sprecher hält etwas für nicht notwendig	**needn't** (Gegenwart) **needn't have** (Vergangenheit)
Äußere Gründe machen etwas nicht notwendig	**not have to** (alle Zeiten)

Wie soll's jetzt weitergehen? Ganz klar: mit

20.2 »sollen«
oder <u>Was wollen Sie damit sagen?</u>

(GB) (D) Viele Deutsche machen den Fehler, »*sollen*« mit **shall** zu übersetzen, was aber nur selten möglich ist:

Shall I ask at the cash desk?	*Soll ich mal an der Kasse fragen?*

■ Bei Vorschlägen in Frageform in der ersten Person (»*soll ich?*« / »*sollen wir?*«) nimmt man **shall**.

Oft entspricht **shall** aber dem deutschen »*wollen*«:

Shall we have a break?	*Wollen wir mal Pause machen?*

Aber zurück zu »*sollen*«: Wenn **shall** nur selten die richtige englische Entsprechung dieses Verbs ist, was sagt man dann? Auch hier ist entscheidend, was man eigentlich sagen will. Wenn es darum geht, was man tun und lassen sollte, wird ja oft der (geistige) Zeigefinger gehoben:

You **ought to/should** eat more vegetables – they're good for you! We really **ought to** complain.	*Du solltest mehr Gemüse essen – das ist doch gesund! Eigentlich sollten wir uns beschweren.*
You **should have** left it to me.	*Du hättest es mir überlassen sollen.*

■ Wird mit *»sollen«* in der Gegenwart eine höfliche oder bestimmte Auf-
forderung bzw. ein Appell an das Gewissen (auch das eigene) aus-
gedrückt, nimmt man im Englischen **should** oder **ought to**.
Für die Vergangenheit *(»hätte[st]* usw. *sollen«)* nimmt man **should have**
bzw. **ought to have.**

In der Gerüchteküche brodelt es inzwischen auch weiter:

She**'s supposed to/said to** have been married to him before.	*Sie soll schon einmal mit ihm verheiratet gewesen sein.*

Und die Journalisten sind zu Recht vorsichtig, wenn sie etwas aus zwei-
ter Hand berichten oder noch nicht offiziell bestätigte Informationen
weitergeben:

He **is said to** have cheated his customers out of several million pounds.	*Er soll seine Kunden um mehrere Millionen Pfund betrogen haben.*

■ Wenn mit *»sollen«* unbestätigte Gerüchte, Behauptungen oder
Informationen vermittelt werden, nimmt man im Englischen
be supposed to oder **be said to.**

Dann gibt es noch die vielen kleinen Aufgaben und Vereinbarungen des
täglichen Lebens, die natürlich nicht immer erfüllt oder eingehalten
werden:

Kim **was supposed to** meet me here at 5 o'clock, but she hasn't turned up yet.	*Kim sollte mich um 5 Uhr hier treffen, aber sie ist noch nicht gekommen.*

■ Wird mit *»sollen«* eine Aufgabe oder Vereinbarung beschrieben,
nimmt man im Englischen ebenfalls **be supposed to** bzw. **be to.**

Schließlich wird auch »Schicksalhaftes« mit »sollte(n)« usw. zum Ausdruck gebracht:

| The following year she **was to** have quins. | *Im Jahr darauf sollte sie Fünflinge bekommen.* |

■ Wird mit »sollte(n)« usw. eine Aussage über das noch einzutretende »Schicksal« des/der Betroffenen vermittelt, nimmt man **be to** (das, was beschrieben wird, ist inzwischen schon passiert).

Das war wieder eine Menge auf einmal, aber folgende Tabelle soll die Übersicht etwas erleichtern:

sollen Was drückt es aus?	Wie könnte man es anders sagen?	Englische Entsprechung
Aufforderung/ Appell (*sollte* usw.)	*es wäre besser / ganz gut, wenn …*	**should/ ought to** (Gegenwart)
Vorwurf usw. (*hätte[st]* usw. *sollen*)	*es wäre besser gewesen, wenn …*	**should have/ ought to have** (Vergangenheit)
Unbestätigte Gerüchte/ Informationen	*angeblich … / es heißt …*	**be said to/ be supposed to**
Bestimmung/ Schicksal (*sollte* usw.)	*später …*	**be to**
Aufgabe/ Vereinbarung	*es ist/war ausgemacht, dass …*	**be supposed to/ be to**

Fast haben Sie Ihr Soll erfüllt, aber auch hier ist der Abschlusstest ein absolutes Muss.

ÜBUNG 20   Paul kommt wieder zu einer Verabredung mit seiner Freundin viel zu spät.

Füllen Sie die Lücken mit dem richtigen englischen Ausdruck:

Paul: I'm sorry, Jane, but ...

Jane: You _____ (musst nicht) *start apologizing[1]*

again. Why is it you _____ (musst

immer sein) *late? Sometimes I think you* _____
(solltest) *see a psychiatrist.*

Paul: Well, you see, I thought I _____ (sollte) *take*

Mum to the bingo at seven o'clock, but I _____ (muss)
have misunderstood her because ...

Jane: You know you really _____ (solltest) *try and think*
up a new story, Paul.

Paul: But it's true. She said I _____ (sollte) *take some*

bananas round to Mrs Goldberg, who _____
(sein soll) *too ill to go shopping, and then ...*

Jane: You really _____ (musst nicht) *go into all the details.*

Paul: Well, you _____ (musst) *know what Mum's like*
by now.

Jane: Yes, I certainly do. And I'm afraid you _____
(wirst müssen) *choose between your mother and me, Paul.*

I've had enough. I _____ (muss gewesen
sein) *crazy to get involved with you[2] in the first place. Anyway, I*

_____ (muss) *go now – I* _____ (muss)
pick my dad up from the pub; he said if I was late

again I _____ (würde müssen) *clean out his pigeon*
loft[3] twice a week from now on.

---

[1] *apologize* = sich entschuldigen   [2] *get involved with someone* = sich mit jemandem einlassen
[3] Taubenhaus

21 Die -*ing*-Form und der *to*-Infinitiv

oder

"*To be*" oder "*being*" – das ist hier die Frage

i'm tired of playing the office boy.

To be or not to be – das ist auch hier unter anderem die Frage, denn oft gibt es für den **to**-Infinitiv Konkurrenz von der **-ing**-Form, die ja in der englischen Grammatik einen besonderen Geltungsdrang zu spüren scheint. In den Kapiteln 7 und 13 (Seite 66 ff. und 101 ff.) sind Sie schon in einige Geheimnisse dieser **-ing**-Form eingeweiht worden, und hier wollen wir eine letzte, aber sehr wichtige Anwendungsmöglichkeit aufgreifen:

| I don't think **ballet-dancing** is your cup of tea, Rudi. | Ich glaube nicht, dass Ballett das Richtige für dich ist, Rudi. |

Hier ist die **-ing**-Form kein Verb, sondern ein Substantiv und bedeutet *das Balletttanzen* – vgl. **smoking** *(das Rauchen)*, **shopping** *(das Einkaufen)*, **skiing** *(das Skilaufen)* usw. Diese Form wird auch »Gerund« genannt. So weit, so gut. Aber es gibt eine Reihe von Anwendungen, die nicht ganz so eindeutig sind wie diese:

| He **admitted stealing** the painting. | Er gab zu, das Gemälde gestohlen zu haben. |

 In solchen Fällen wird oft fälschlicherweise der **to**-Infinitiv **(to steal)** verwendet. Damit Sie nicht in diese Falle tappen, sollten Sie sich folgendes Kästchen genau ansehen:

■ Nach folgenden Verben steht die **-ing**-Form:

admit	*zugeben*	**enjoy**	*genießen,*
avoid	*vermeiden*		*sehr gern (tun)*
consider**	*erwägen,*	**finish**	*fertig werden mit*
	daran denken	**imagine**	*sich vorstellen*
deny	*leugnen,*	**risk**	*riskieren*
	bestreiten	**stop*****	*aufhören*
dislike	*nicht mögen*	**suggest**	*vorschlagen*

Noch ein paar Beispiele:

| **Imagine being** a millionaire! **Stop being** so stubborn. | Stell dir vor, du wärst Millionär! Sei doch nicht so stur! |

Und eine weitere Anwendung der **-ing**-Form:

| He just went off to New Zealand **without saying** a word. | Er ging einfach nach Neuseeland, ohne ein Wort zu sagen. |

* **consider someone to be** = *jemanden halten für*
** **stop (in order) to** + Infinitiv = *anhalten / aufhören, um zu*

Hier steht das zweite Verb nach einer so genannten Konjunktion, einem Verbindungswort, das Begriffe, Satzteile oder Wortgruppen zusammenbringt.

■ Nach folgenden Wörtern und Ausdrücken nimmt man oft die **-ing**-Form, um den Satz zu verkürzen:

after	*nach(dem)*	**in spite of**	*trotz; obwohl*
before	*bevor; vor*	**instead of**	*(an)statt*
by	*indem;*	**without**	*ohne*
	dadurch, dass		

Ein weiteres Beispiel veranschaulicht dies:

Instead of apologizing, he just laughed.	*Statt sich zu entschuldigen, lachte er bloß.*

Dann gibt es noch folgende Kategorie:

I'm not very **good at changing** nappies.	*Windeln wechseln kann ich nicht besonders gut.*

Diesmal folgt das Verb auf eine Präposition (ein Verhältniswort wie *in, an, auf, unter, bei, mit* usw.).

■ Wenn ein Verb unmittelbar nach einer Präposition (**of, in** usw.) steht, wird immer die **-ing**-Form verwendet.

Wie im Deutschen gibt es auch im Englischen feste Verbindungen aus Substantiv / Adjektiv / Verb + Präposition. Beispiele aus dem Deutschen machen das deutlich:

die Angst vor etwas (nicht etwa »*durch*«)
gierig auf etwas (nicht etwa »*um*«)
sich ärgern über etwas (nicht etwa »*unter*«)

Weil die englischen Ausdrücke ebenfalls mit der Präposition fest verbunden sind, sollte man diese immer mitlernen – und nicht vergessen, dass ein nachfolgendes Verb nur in der **-ing**-Form stehen kann. Hier jeweils fünf typische Beispiele für die drei Kategorien:

Substantiv + Präposition

be in danger of -ing	*Gefahr laufen zu*
have difficulty in -ing	*sich schwer tun zu*
live in fear of -ing	*in der Angst leben, dass*
in the hope of -ing	*in der Hoffnung zu*
run the risk of -ing	*riskieren zu*

Adjektiv + Präposition

be good/bad at -ing	*gut/schlecht sein in*
be incapable of -ing	*unfähig sein zu*
be interested in -ing	*sich interessieren für*
be keen on -ing	*(etwas) begeistert tun*
be tired of -ing	*es satt haben zu*

Verb + Präposition

believe in -ing	*glauben an*
dream of -ing	*davon träumen zu*
insist on -ing	*darauf bestehen, zu/dass*
succeed in -ing	*es schaffen zu*
think of -ing	*daran denken zu*

Und so werden sie gebraucht:

We came here **in the hope of seeing** the Princes.	*Wir sind hierher gekommen in der Hoffnung, die Prinzen zu sehen.*
I'm **tired of playing** the office boy.	*Ich bin es leid, den Laufjungen zu spielen.*

Noch eine Besonderheit:

I'm **looking forward to moving** into my new office.	*Ich freue mich darauf, in mein neues Büro einzuziehen.*

Das Wörtchen **to** kennen wir ja längst als Teil des **to**-Infinitivs eines jeden Verbs (**to go, to see** usw.) sowie als Präposition (go **to** school, move **to** Canada usw.). Es gibt auch ein paar Verben, mit denen **to** ganz fest verbunden ist.

■ Nach folgenden Verben mit **to** steht kein Infinitiv, sondern nur die **-ing**-Form:

look forward to -ing	*sich darauf freuen zu*
be used to -ing	*gewohnt sein zu*
be accustomed to -ing	
get used to -ing	*sich daran gewöhnen zu*
get accustomed to -ing	
object to -ing	*dagegen sein, dass*

Ein Beispiel:

You **get used to living** in Britain after a while.	*Man gewöhnt sich mit der Zeit an das Leben in Großbritannien.*

 Aber hier ist Vorsicht geboten:
be used to + -ing-Form *(= gewohnt sein zu)* sollte nicht mit **used to +** Infinitiv (= *früher ...*; siehe Seite 67) verwechselt werden. Das sind nämlich zwei Paar Stiefel:

I'm **used to wearing** high-heeled boots.	*Ich bin es gewohnt, Stiefel mit hohen Absätzen zu tragen.*

(**be used to** + **-ing**-Form kann in jeder Zeitform vorkommen und bezeichnet, dass man etwas gewohnt ist.)

> I **used to live** in the South Pacific.   *Früher lebte ich in der Südsee.*

(**used to** bezieht sich nur auf wiederholte Handlungen oder länger andauernde Zustände in der Vergangenheit.)

Dann gibt es einige Verben, die – bei unterschiedlicher Bedeutung – sowohl mit der **-ing**-Form als auch mit dem **to**-Infinitiv verbunden werden können. Hier zwei wichtige, die Sie sich unbedingt merken sollten:

remember -ing	*sich daran erinnern, etwas getan / erlebt zu haben* (bezieht sich nur auf Vergangenes)
remember to (do)	*daran denken / nicht vergessen, (etwas) zu tun* (kann sich auf jede Zeit beziehen)
never forget -ing	*nie vergessen, wie …* (bezieht sich nur auf Vergangenes)
forget to (do)	*vergessen, (etwas) zu tun* (kann sich auf jede Zeit beziehen)

Ein paar Beispiele:

I**'ll never forget touching** Paul McCartney's hand …	*Ich werde nie vergessen, wie ich Paul McCartneys Hand berührte …*
Remember to send me it./ **Don't forget to send** me it.	*Vergiss nicht, es mir zuzuschicken.*
I think I **forgot to turn** the iron **off**.	*Ich glaube, ich habe vergessen, den Bügeleisen auszuschalten.*

Zu guter Letzt noch ein paar wichtige Redewendungen, auf die die **-ing**-Form folgt:

it's no use -ing	
it's no good -ing	*es hat keinen Sinn zu*
there's no point in -ing	
it's good fun -ing	*es macht Spaß zu*
it's bad enough -ing	*es ist schlimm genug zu*
be busy -ing	*damit beschäftigt sein zu*
spend one's time -ing	*seine Zeit damit verbringen zu*
I can't help -ing	*ich kann nichts dafür, dass ich*
I don't mind -ing	*ich habe nichts dagegen, zu/wenn ich*
I can't stand -ing	*ich kann es nicht ausstehen zu*
it's worth/worthwhile -ing	*es lohnt sich zu*

Ein Beispiel:

I can't stand waiting in queues.	*Ich kann es nicht leiden, Schlange zu stehen.*

 Zur besseren Einprägung sollten Sie jetzt versuchen, bei den anderen Beispielen jeweils ein passendes Verb einzusetzen (z. B. **I can't help laughing).**

Und nun, wie immer, die Abschlussübung. Ja, es wird Ihnen in diesem Buch nichts geschenkt. Und ums Schenken geht es auch im nachfolgenden Text.

Ü B U N G 2 1	Setzen Sie die **-ing**-Form bzw. den **to**-Infinitiv

(**to see** usw.) ein und fügen Sie, wo nötig, auch die jeweilige Präposition (**on, at, to** usw.) hinzu:

I seem to spend all my spare time[1] _____ (run) from shop

to shop _____ (buy) presents. Can you imagine

_____ (have) to get birthday and Christmas presents for a

[1]Freizeit

family of thirteen? I live in constant fear _____ (be told)

there's yet another little niece or nephew on the way… It's bad enough

_____ (find) things for the grown-ups[1]. Take Dad – he's

already got enough socks and ties _____ (last) him a lifetime.

He's no good _____ (fix) things, so it's no use

_____ (give) him any tools[2]. Then there's Mum, who really

enjoys _____ (take) photos of her ever-growing[3] family but

is incapable _____ (handle) even the most foolproof[4]

camera. My brothers and sisters aren't very keen _____

(read) and can't afford _____ (have) a hi-fi with all those

wild kids around – so books and CDs are out for them[5].

Last Christmas I was so busy _____ (try) to find the right

thing for everybody that I forgot _____ (buy) my girlfriend a

present. She stopped _____ (talk) to me for a week.

As a little boy I always looked forward to _____ (celebrate)

Christmas and birthdays, but now I can't stand _____

(have) to rush through town like a lunatic[6] every other Saturday[7].

I remember _____ (read) a book once about an ancient

Scottish clan who, instead _____ (give) Christmas and

birthday presents, used to _____ (hold) three-day feasts for

the children's favourite uncle. I'm considering _____ (order)

a dozen copies of the book in time for December 25th…

[1]Erwachsene [2]Werkzeug [3]immer größer werdend [4]idiotensicher
[5]kommen für sie nicht infrage [6]Verrückter [7]jeden zweiten Samstag

oder

Derjenige, welcher...

My grandfather, who is 93, has been married seven times

Schon Albert Einstein hat sich den Kopf über die Relativität zerbrochen. Ganz so kompliziert ist die Sache mit den englischen Relativsätzen aber zum Glück nicht. Sie würden vielleicht trotzdem gern wissen, was ein Relativsatz überhaupt ist. Das wollen wir Ihnen auch gleich vor Augen führen:

My grandfather has been married seven times. He's 93.	*Mein Großvater war schon sieben-mal verheiratet. Er ist 93.*

Wie im Deutschen klingt es einfach schöner, wenn man solche Sätze verbindet:

My grandfather, **who** is 93, has been married seven times.	*Mein Großvater, der 93 ist, war schon siebenmal verheiratet.*

Der Satzteil, der hier mit **who** anfängt, wird Relativsatz genannt, und das Verbindungswort **who** ist ein Relativpronomen. Mit welchen anderen Wörtern verbindet man solche Sätze im Englischen?

22.1 Die Relativpronomen <u>oder</u> *Der Mann, der...*

bei Personen	bei Sachen
who	**which**
that	**that**
whom	
whose	**whose**

Aber wann nimmt man was? Folgende Beispiele machen es deutlich:

The man **who/that** sold me the DVD player has disappeared.	*Der Mann, der mir den DVD-Spieler verkauft hat, ist verschwunden.*
The restaurant **that/which** opened up last week has been closed down.	*Das Restaurant, das letzte Woche eröffnet wurde, musste wieder schließen.*

■ Im Nominativ (1. Fall; fragen Sie: *wer/was?*) nimmt man bei Personen **who/that*** und bei Sachen **that*/which.**
Bei Tieren nimmt man **that*** oder **which**, gelegentlich auch **who.**

The traffic warden **that/who/whom** he insulted was a karate expert.	*Die Politesse, die er beleidigte, war Karateexpertin.*
The cheese **that/which** you bought is full of holes!	*Der Käse, den du gekauft hast, ist voller Löcher!*

* **that** grundsätzlich nur bei Relativsätzen ohne Kommas; siehe Seite 154f.

- Im Akkusativ (4. Fall: *wen/was?*) nimmt man bei Personen **that/who** (seltener **whom**) und bei Dingen **that/which**.

The lady **whose** camera had fallen into the Amazon was almost in tears.	*Die Frau, deren Kamera in den Amazonas gefallen war, war den Tränen nah.*
We sat under a horse chestnut tree, **whose** conkers kept falling on our heads.	*Wir saßen unter einer Rosskastanie, deren Kastanien uns dauernd auf den Kopf fielen.*

- Im Genitiv (2. Fall: *wessen?*) nimmt man bei Personen und Sachen **whose** (*»dessen«* bzw. *»deren«*).

I don't like the man **that** she's dancing with.	*Ich mag den Mann nicht, mit dem sie tanzt.*
The church **that** we went to was closed for lunch.	*Die Kirche, zu der wir gingen, hatte mittags geschlossen.*

- Einen Dativ (3. Fall: *wem/was?*) gibt es im eigentlichen Sinn nicht, sondern immer nur eine Verbindung mit einer Präposition (**with, to, for, at** usw.).

GB D   Im Gegensatz zum Deutschen steht die Präposition im Englischen fast immer hinter dem Verb **(the man that I spoke to)**.

- Das Relativpronomen lautet bei Personen **that/who(m)** und bei Sachen **that/which**.

22.2 Kommas bei Relativsätzen oder *Mit oder ohne?*

Auch ein auf den ersten Blick unwichtig erscheinender Unterschied zum Deutschen muss hier erwähnt werden:

The ring **that** she gave me is only gold-plated.	*Der Ring, den sie mir gab, ist nur vergoldet.*

Bei bestimmten englischen Relativsätzen lässt man die Kommas weg. Ist denn das überhaupt so wichtig, werden Sie vielleicht fragen. Nun, Sie werden bestimmt nicht des Landes verwiesen, wenn Sie in England einen Kommafehler begehen. Aber es gibt nun einmal zwei verschiedene Arten von englischen Relativsätzen – nämlich die mit und die ohne Kommas – und bestimmte Dinge sind nur bei der einen Art möglich. Deswegen sollte man diesen Unterschied schon erkennen können.

- Man könnte sagen, dass bei Relativsätzen mit Kommas diese die Funktion von Klammern haben. Was dazwischen steht, könnte ebenso gut zwischen Klammern stehen:

Pamela's husband, who's from Cambridge, was a double agent.	*Pamelas Mann, der aus Cambridge kommt, war Doppelagent.*

- Relativsätze mit Kommas sind »entbehrliche« Relativsätze. Den Satzteil, den die Kommas einschließen, kann man »ausklammern«, ohne den Sinn des Satzes völlig zu entstellen.

Probieren wir das einmal:

Pamela's husband was a double agent.	*Pamelas Mann war Doppelagent.*

Die wichtigste Aussage bleibt erhalten, auch ohne die Zusatzinformation über die Herkunft von Pamelas Mann.

Und wie sieht es bei den »kommalosen« Relativsätzen aus?

Women who beat their husbands should be sent to prison.	*Frauen, die ihre Ehemänner schlagen, sollten ins Gefängnis kommen.*

- Relativsätze, die für den Sinn des Satzes absolut notwendig sind, kann man nicht ausklammern – sie sind »unentbehrliche« Relativsätze und haben keine Kommas.

Wollte man den Relativsatz im letzten Beispiel trotzdem herausnehmen, würde man einen ganz anderen Sinn bekommen, nämlich:

Women should be sent to prison.	*Frauen sollten ins Gefängnis kommen.*

So war's doch wohl nicht gemeint …

Jetzt kennen Sie den Unterschied zwischen den beiden Arten von Relativsätzen, aber wozu soll das gut sein? Sehen Sie sich dazu folgende Beispiele an:

The excuses Rodney thinks of are hilarious.	*Die Ausreden, die sich Rodney ausdenkt, sind zum Schreien.*
The people we met there were really boring.	*Die Leute, die wir dort kennen lernten, waren wirklich langweilig.*

 Nur bei Relativsätzen ohne Kommas kann man das Relativpronomen **that, who** oder **which** weglassen.

Das ist immer dann möglich, wenn nach **that/who/which** ein Substantiv (**the photo, my teacher** usw.) oder ein Pronomen (**I, it, they** usw.) steht:

This is the chance **that** I've been waiting for!	*Das ist die Gelegenheit, auf die ich schon lange warte!*

Hier hätte man das Relativpronomen **(that)** weglassen können.

Noch eine kleine Hilfe, damit Sie die Relativsätze ohne Kommas besser erkennen können:

The solicitor **that** Mr Davis recommended is excellent.	*Der Anwalt, den Mr. Davis empfohlen hat, ist ausgezeichnet.*

 Wenn man im Deutschen »derjenige«, »diejenige« usw. sagen kann, ist der Relativsatz notwendig (keine Kommas).

Schließlich hätten wir noch ein paar Besonderheiten, die Sie sich merken sollten:

He never stops talking, **which** gets on everybody's nerves.	*Er hört nie auf zu reden, was allen auf den Wecker geht.*

■ Dem deutschen »*was*« als Zusammenfassung eines ganzen Satzteils entspricht das englische **which**.

I think we'd better do **what** she says. It's not exactly **what** I'm looking for.	*Ich glaube, wir sollten lieber tun, was sie sagt. Es ist nicht genau das, was ich suche.*

■ **what** als Relativpronomen bedeutet »*das, was ...*« bzw. einfach »*was*« (also nie **that what!**).

Und hier – Sie können endlich aufatmen – die letzten zwei Beispiele:

He criticized everything (that) I did. I'd like to show you something (that) I've just found.	*Er kritisierte alles, was ich machte. Ich möchte dir etwas zeigen, das ich gerade gefunden habe.*

 Bei »*alles, was/das ...*«, »*etwas, was/das ...*« usw. lautet das englische Relativpronomen **that**. Oft wird es aber weggelassen.

Das war wieder ganz schön viel, werden Sie vielleicht denken – aber es ist ja alles relativ. Dafür ist die Übung umso kürzer ausgefallen.

ÜBUNG 22 Versuchen Sie, wo notwendig, das richtige
Relativpronomen in die Lücken einzusetzen:

The little lady _____ has just got onto that motorbike is my

grandmother. The motorbike, _____ she got for her 75th

birthday, does 120 mph. Every evening Granny rides round the block 20

times at high speed, _____ I think is extremely dangerous.

But she always does exactly _____ she wants. The man in

the Porsche _____ she has just overtaken is my grandad.

23 *some/any; a lot (of)/ much/many* usw.

oder

Wie man Mengen umschreibt

I've brought some friends home for tea

Nur noch ein paar Kapitel und ein bisschen Ausdauer, dann haben Sie es endlich geschafft – und eine Menge dazugelernt. Wir wenden uns in diesem vorvorletzten Kapitel einer Reihe von Wörtchen zu, die Deutschsprachigen erfahrungsgemäß Schwierigkeiten bereiten.

23.1 *some/any*
oder *So einiges*

some und **any** sind die zwei Wörter, die am häufigsten verwendet werden, wenn wir eine unbestimmte Menge oder Zahl ausdrücken wollen; **some** wird bei »positiven« Aussagen bzw. Erwartungen verwendet.

1	I've brought **some** friends home for tea.	*Ich hab ein paar / einige Freunde zum Abendessen mitgebracht.*
2	You've got **some** paint on your face.	*Du hast (etwas) Farbe im Gesicht.*
3	Did you leave me **some** money for the milkman?	*Hast du mir (etwas) Geld für den Milchmann dagelassen?*
4	Have **some** peanuts.	*Nehmen Sie sich doch ein paar Erdnüsse!*

Did you leave me some money for the milkman?

some steht meistens

■ in normalen Aussagesätzen (**1**, **2**),

■ in Fragen, wenn die Antwort »ja« erwartet oder erhofft wird (**3**),

■ in höflichen Aufforderungen oder Erkundigungen (**4**).

any dagegen findet man bei »negativen« Aussagen und Erwartungen:

5 There weren't **any** calls for you, I'm afraid.	*Für dich waren leider keine Anrufe.*
6 I never get **any** fan mail.	*Ich bekomme nie Fanpost.*
7 Is there **any** chocolate left?	*Ist noch (etwas) Schokolade da?*
8 We're moving to Vladivostok, but you can come and visit us **any** time.	*Wir ziehen nach Wladiwostok, aber ihr könnt uns jederzeit besuchen.*

any steht meistens

■ in verneinten Sätzen (**5**, **6**),

■ in Fragen, wenn man sich über die Antwort unsicher ist bzw. die Antwort »*nein*« erwartet (**7**),

■ in normalen Aussagen in der Bedeutung »*jede(r, -s) (beliebige)*«, »*irgendwelche(r, -s)*« (**8**).

Ähnlich verhält es sich mit den Zusammensetzungen, die mit **some** und **any** gebildet werden: **somebody (someone)/anybody (anyone)**; **something/anything; somewhere/anywhere.**

Has **anybody** seen my grandad? I'm sure I left him here **some-where**.	*Hat jemand meinen Großvater gesehen? Ich könnte schwören, ich hätte ihn hier irgendwo stehen gelassen.*

23.2 *a lot of (lots of)/much/many*
oder *Jede Menge*

Diese Ausdrücke verwendet man, um »*viel*« oder »*viele*« zu übersetzen.

Eine kleine Warnung: Manche Deutsche neigen dazu, viel zu oft **much** und **many** zu gebrauchen!

9 That could get you into **a lot of (lots of)** trouble.	*Das könnte dir viel Ärger bringen.*
10 He asked **lots of (a lot of)** silly questions as usual.	*Er hat wie immer eine Menge dummer Fragen gestellt.*
11 She thinks she knows **a lot**.	*Sie glaubt, sie weiß sehr viel.*
12 There's **a lot** to be done.	*Es gibt viel zu tun.*

- **a lot of/lots of** wird in normalen Aussagesätzen verwendet (**9**, **10**). Wenn kein Substantiv (**ice cream** usw.) oder Pronomen (**us, them** usw.) folgt, fällt das **of** weg (**11**, **12**).

Vergleichen Sie jetzt folgende Sätze:

13 I haven't got **much** time.	*Ich habe nicht viel Zeit.*
14 How **much** pocket money do you think we should give her?	*Wie viel Taschengeld sollten wir ihr geben?*
15 He doesn't say very **much**, does he?	*Er hat nicht gerade viel zu sagen, oder?*

- **much** wird bei der Einzahl in verneinten Sätzen (**13**, **15**) und in Fragen (**14**, **15**) benutzt.

Und schließlich:

16 *I've never had **many** friends.*	*Ich habe nie viele Freunde gehabt.*
17 *Do you know **many** bungee jumpers?*	*Kennen Sie viele Bungee-Springer?*

■ *many* wird bei der Mehrzahl in verneinten Sätzen (**16**) und in Fragen (**17**) benutzt.

Anstelle von *much* und *many* kann auch meistens *a lot (of)* stehen, jedoch nicht nach *how, as, too* und *very.*

Ähnlich wie bei *some* deutet *a lot (of)* in einer Frage darauf hin, dass man die Antwort »*ja*« erwartet.

23.3 *few/little; a few/a little*
oder *Darf's ein bisschen mehr sein?*

Bei *(a) few/little/a bit (of)* geht es darum, eine geringe Menge oder Zahl auszudrücken.

18 **Few** air travellers have ever complained about the free drinks.	*Wenige Flugreisende haben sich je über die kostenlosen Getränke beschwert.*
19 There's **little** chance of him winning now.	*Jetzt hat er kaum eine Chance zu gewinnen.*

few (= *wenige*) wird nur bei der Mehrzahl gebraucht (**18**).
little (= *wenig*) wird nur bei der Einzahl gebraucht (**19**).

Ähnlich sieht es bei *a few* und *a little* aus:

20 I just need **a few** days to clear up my desk.	*Ich brauch bloß ein paar Tage, um meinen Schreibtisch aufzuräumen.*
21 Could I have **a little** rum with my tea?	*Könnte ich etwas Rum mit meinem Tee haben?*
22 I've still got **a bit of** grammar to learn.	*Ich muss noch ein bisschen Grammatik lernen.*
23 I'd love **a bit**.	*Ja, ich nehme gern ein Stückchen.*

a few (= *einige, ein paar*) wird nur bei der Mehrzahl gebraucht (**20**).
a bit of*/a little (= *ein bisschen, etwas*) wird nur bei der Einzahl gebraucht (**21**, **22**).
Wenn kein Substantiv oder Pronomen folgt, fällt *of* weg (**23**).

* Bei Flüssigkeiten: *a drop of*

Und zum Abschluss, wie immer, ein bisschen Training.

ÜBUNG 23 **Versuchen Sie, die Lücken mit einem der folgenden Ausdrücke zu füllen:**

some, any, somebody, anybody, something, anything, somewhere, anywhere, a lot of/lots of, much, many, (a) few, (a) little, a bit (of).

_____ (einige) *months ago I was having* _____

(ein bisschen) *trouble with my English. I knew I had an old grammar*

book _____ (irgendwo) *in the cellar, but I didn't really have*

_____ (viel) *time to look for it among all the rubbish down*

there. Then by chance I saw _____ (jemand) *reading a nice*

little English grammar on the underground, and he was obviously having

_____ (viel) *fun with it. The next day I went to my local*

bookshop to buy it, but the shop assistant told me so

_____ (viele) *people had been buying the book that there*

wasn't a single copy left in town.

Well, I had _____ (wenig) *choice[1] but to order it on the*

Internet. To my surprise, it arrived just _____ (ein paar)

days later, and it didn't cost _____ (viel) *either. Ever since*

then I've been carrying it around with me, and if _____

(irgendjemand) *asks me what I'm reading, I tell them it's the best*

grammar book you can buy. But there are very _____

(wenige) *people who haven't got it already!*

---

[1] Wahl

24 Die Präpositionen
oder
Auf, unter, für, mit & Co.

He's under the car, on the phone to his mother in Ireland

Hier geht es nun drunter und drüber. Und es geht rund. Wir haben es nämlich mit Verhältnissen zu tun.

Eine Präposition ist ein Wort oder Ausdruck, mit dem Wörter in Beziehung zueinander gesetzt werden. Deshalb wird sie auch Verhältniswort genannt. Beispiele im Deutschen sind etwa *auf, über, in, an*.

GB D Das Thema Präpositionen ist endlos und leider gibt es zwischen den englischen und den deutschen Präpositionen auch kein logisches Verhältnis. Deshalb wollen wir uns hier auf Beispiele beschränken, die Deutschsprachigen erfahrungsgemäß Probleme bereiten.

Beginnen wir mit **in** und **on**, um die Bedeutungsvielfalt aufzuzeigen.

zeitlich		räumlich	
in January	**im** Januar	**in** the kitchen	**in** der Küche
in 1999	1999	**in** his pocket	**in** seiner Tasche
in the morning	**am** Morgen	**in** the sky	**am** Himmel
on Sunday	**am** Sonntag	**on** the wall	**an** der Wand
on May 21st	**am** 21. Mai	**on** the table	**auf** dem Tisch

Wie Sie sehen, gibt es also keine eindeutige Entsprechung zwischen englischer und deutscher Präposition. Es heißt also wieder einmal: auswendig lernen. Im Folgenden führen wir deshalb eine Liste der geläufigeren Anwendungen von Präpositionen auf:

at school	**in** der Schule
at university	**an** der Universität
at work	**bei** der Arbeit
at my parents' place	**bei** meinen Eltern
at two	**um** zwei
at night	**in** der Nacht, nachts
at the last minute	**in** letzter Minute
by the church	**an** der Kirche
by air	**mit** dem Flugzeug
by tomorrow	**bis** morgen
written **by**	geschrieben **von**
from Glasgow	**aus** Glasgow
from tomorrow	**ab** morgen
from here	**von** hier (**aus**), **ab** hier

in the street	**auf** der Straße
in my account	**auf** meinem Konto
write **in** ink	**mit** Tinte schreiben
in German	**auf** Deutsch
in my opinion	meiner Meinung **nach**
on the phone	**am** Telefon
on the screen	**am** Bildschirm
on television	**im** Fernsehen
on holiday	**in/im/auf** Urlaub
on the second floor	**im** zweiten Stock
on foot	**zu** Fuß
on the plane	**im** Flugzeug
on average	**im** Durchschnitt
on the whole	**im** Großen und Ganzen
to town	**in** die Stadt
five **to** seven	fünf **vor** sieben
to Austria	**nach** Österreich

ÜBUNG 24   Setzen Sie die passende Präposition ein:

1. They're still _____ school but they'll be back _____ four at the latest.

2. We're flying _____ Tokyo tomorrow afternoon.

3. There isn't too much left _____ my bank account.

4. Did you see him _____ television last night?

5. Could you say that _____ Spanish?

6. She went _____ train and then did the last bit of the journey

    _____ foot.

7. It happened _____ night, but we only realized it _____ the morning.

8. Why don't you hang up some pictures _____ the wall?

25 Die Zahlen
oder
Zählen und zahlen

Zum Schluss dieses grammatischen Menüs, das doch sehr viele Gänge hatte, heißt es nun »Zahlen, bitte!«.

25.1 Die Grundzahlen
oder Eins, zwei, drei...

1	one	24	twenty-four usw.
2	two	30	thirty
3	three	40	forty
4	four	50	fifty
5	five	60	sixty
6	six	70	seventy
7	seven	80	eighty
8	eight	90	ninety
9	nine	100	a/one hundred
10	ten	101	a/one hundred
11	eleven		and* one
12	twelve	143	a/one hundred
13	thirteen		and* forty-three
14	fourteen	200	two hundred
15	fifteen	1,000	a/one thousand
16	sixteen	1,310	one thousand three
17	seventeen		hundred and* ten
18	eighteen	2,000	two thousand
19	nineteen	100,000	a/one hundred
20	twenty		thousand
21	twenty-one	1,000,000	a/one million
22	twenty-two	1,000,000,000	a/one billion
23	twenty-three		

Bei der Null könnte man sagen: »klein aber oho!«. Es gibt nämlich einiges zu beachten.

Null wird wie folgt ausgedrückt:

0	beim Rechnen: **nought** [nɔːt], **zero** [ˈzɪərəʊ]
0	beim Sport: **nil**, Am. **zero**; Tennis: **love**
0	in Telefonnummern: **O** [əʊ], Am. **zero**

* Im amerikanischen Englisch meist ohne and

25.2 Die Schreibweise
oder *Punkt oder Komma?*

Bei Zahlen ab 1.000 steht im Englischen für den deutschen Punkt ein Komma:

7,240   22,592,455

Umgekehrt ist es bei Dezimalzahlen, bei denen im Englischen für das deutsche Komma immer ein Punkt steht:

9.6   (**nine point six** = *neun Komma sechs*)
0.53 (**nought/zero point five three** = *null Komma fünf drei*)

- 1 wird ohne Haken geschrieben
- 7 wird meistens ohne Querstrich geschrieben
- Beachten Sie auch die Schreibweise von 4 und 14 **(four, fourteen)** im Gegensatz zu 40 **(forty)**.

25.3 Telefonnummern
oder *Wie spricht man sie?*

Telefonnummern werden generell Ziffer für Ziffer gesprochen:

020 7348 156 = **oh-two-oh seven-three-four-eight one-five-six**

Schnapszahlen wie 22, 555 usw. werden gewöhnlich wie folgt gehandhabt, können aber auch einzeln ausgesprochen werden:

01934 74481 = **oh-one-nine-three-four seven-<u>double four</u>-eight-one**
020 8597 1666 = **oh-two-oh eight-five-nine-seven one-<u>treble six</u>** bzw.
<u>triple six</u>

Der Notruf in Großbritannien (999) wird immer **nine-nine-nine** gesprochen: **"In case of emergency, dial 999"**. In den USA heißt es 911 **(nine-one-one)**.

25.4 Jahreszahlen
oder *Anno domini...*

Und so werden die Jahreszahlen ausgesprochen:

1066 = **ten sixty-six**
1812 = **eighteen twelve**
1953 = **nineteen fifty-three**

Zur Betonung kann man **hundred and** einfügen:

1645 = **sixteen hundred and forty-five**

Und im dritten Jahrtausend sieht es folgendermaßen aus:

2000 = **two thousand**
2001 = **two thousand and one**
2010 = **twenty ten**, seltener: **two thousand and ten**
2050 = **twenty fifty** usw.

Der Ordnung halber sollten noch die Ordnungszahlen aufgeführt werden:

25.5 Ordnungszahlen
oder *Erstens, zweitens, drittens...*

1st	first	11th	eleventh
2nd	second	12th	twelfth
3rd	third	13th	thirteenth
4th	fourth	14th	fourteenth
5th	fifth	15th	fifteenth
6th	sixth	16th	sixteenth
7th	seventh	17th	seventeenth
8th	eighth	18th	eighteenth
9th	ninth	19th	nineteenth
10th	tenth	20th	twentieth

21st	twenty-first	101st	(one) hundred and*
22nd	twenty-second		first
23rd	twenty-third	102nd	(one) hundred and*
24th	twenty-fourth usw.		second
30th	thirtieth	157th	(one) hundred and*
40th	fortieth		fifty-seventh
50th	fiftieth	200th	two hundredth
60th	sixtieth	1,000th	(one) thousandth
70th	seventieth	2,461th	two thousand four
80th	eightieth		hundred and*
90th	ninetieth		sixty-first
100th	(one) hundredth	1,000,000th	(one) millionth

Wenn Sie gut aufgepasst haben, dürften Sie nun zu den »Zahl(en)-meistern« zählen. Im allerletzten Test in diesem Band dürfen Sie Ihre Zahlenakrobatik nun unter Beweis stellen.

ÜBUNG 25	Schreiben Sie die folgenden Zahlen in Worten:

1. 2,030 _____

2. 78 _____

3. 13th _____

4. 4th _____

5. 40 _____

6. 01437 (Telefon) *britisch* _____

amerikanisch _____

7. 366891 (Telefon) _____

8. 15 – 0 (Tennis) _____

9. 1689 (Jahreszahl) _____

10. 1,000,000,000 _____

Tabelle der wichtigsten unregelmäßigen Verben

Infinitiv	Einfache Vergangenheit	past participle	Übersetzung
be	was	been	*sein*
become	became	become	*werden*
begin	began	begun	*anfangen*
bite	bit	bitten	*beißen*
blow	blew	blown	*blasen*
break	broke	broken	*(zer)brechen*
bring	brought	brought	*(her)bringen*
buy	bought	bought	*kaufen*
catch	caught	caught	*fangen*
choose	chose	chosen	*wählen*
come	came	come	*kommen*
cost	cost	cost	*kosten*
cut	cut	cut	*schneiden*
do	did	done	*tun; machen*
draw	drew	drawn	*zeichnen*
drink	drank	drunk	*trinken*
drive	drove	driven	*fahren*
eat	ate	eaten	*essen*
fall	fell	fallen	*fallen*
feel	felt	felt	*(sich) fühlen*
fight	fought	fought	*kämpfen*
find	found	found	*finden*
fly	flew	flown	*fliegen*
forget	forgot	forgotten	*vergessen*
get	got	got	*bekommen; kriegen*
give	gave	given	*geben*
go	went	gone	*gehen; fahren*
grow	grew	grown	*wachsen*
hang	hung	hung	*hängen*
have	had	had	*haben*
hear	heard	heard	*hören*

Infinitiv	Einfache Vergangenheit	past participle	Übersetzung
hide	*hid*	*hidden*	*(sich) verstecken*
hit	*hit*	*hit*	*schlagen*
hold	*held*	*held*	*halten*
hurt	*hurt*	*hurt*	*wehtun*
keep	*kept*	*kept*	*behalten*
know	*knew*	*known*	*wissen; kennen*
lay	*laid*	*laid*	*legen*
lead	*led*	*led*	*führen*
learn	*learnt, learned*	*learnt, learned*	*lernen*
leave	*left*	*left*	*lassen; verlassen*
lend	*lent*	*lent*	*(aus)leihen*
let	*let*	*let*	*lassen*
lie	*lay*	*lain*	*liegen*
lose	*lost*	*lost*	*verlieren*
make	*made*	*made*	*machen*
mean	*meant*	*meant*	bedeuten
meet	*met*	*met*	*treffen; begegnen*
pay	*paid*	*paid*	*bezahlen*
put	*put*	*put*	*legen; setzen; stellen; stecken*
read [riːd]	*read* [red]	*read* [red]	*lesen*
ring	*rang*	*rung*	*läuten; klingeln*
run	*ran*	*run*	*laufen; rennen*
say	*said*	*said*	*sagen*
see	*saw*	*seen*	*sehen*
sell	*sold*	*sold*	*verkaufen*
send	*sent*	*sent*	*schicken*
set	*set*	*set*	*setzen; stellen*
shine	*shone*	*shone*	*scheinen*
shoot	*shot*	*shot*	*(er)schießen*
show	*showed*	*shown*	*zeigen*
shut	*shut*	*shut*	*zumachen*
sing	*sang*	*sung*	*singen*
sit	*sat*	*sat*	*sitzen*
sleep	*slept*	*slept*	*schlafen*

Infinitiv	Einfache Vergangenheit	past participle	Übersetzung
speak	spoke	spoken	*sprechen*
spend	spent	spent	*ausgeben; verbringen (Zeit)*
stand	stood	stood	*stehen*
steal	stole	stolen	*stehlen*
sting	stung	stung	*stechen (Insekt)*
swim	swam	swum	*schwimmen*
take	took	taken	*nehmen*
teach	taught	taught	*unterrichten; lehren*
tell	told	told	*sagen; erzählen*
think	thought	thought	*denken*
throw	threw	thrown	*werfen*
wake	woke	woken	*wecken; aufwachen*
wear	wore	worn	*tragen (Kleidung)*
win	won	won	*gewinnen*
write	wrote	written	*schreiben*

TABELLE DER WICHTIGSTEN UNREGELMÄSSIGEN VERBEN

Grammatische Fachbegriffe

Adjektiv	Eigenschaftswort
Adverb	Umstandswort
Akkusativ	4. Fall, Wenfall
Artikel	Geschlechtswort
Dativ	3. Fall, Wemfall
Demonstrativpronomen	hinweisendes Fürwort
Feminin	weibliches Geschlecht des Substantivs
Genitiv	2. Fall, Wesfall
Genus	grammatisches Geschlecht
Gerundium	Substantivform des Verbs
Imperativ	Befehlsform
Indefinitpronomen	unbestimmtes Fürwort
indirekte Rede	wiedergegebene Rede
Infinitiv	Grundform des Verbs
Interrogativpronomen	Fragefürwort
Kardinalzahl	Grundzahl
Kasus	Fall
Komparativ	1. Steigerungsstufe des Adjektivs oder Adverbs
Konditional	als Modus: Bedingungsform; als Tempus: Vorgang, der von der Vergangenheit in die Zukunft weist
Konjugation	Beugung
Konjunktion	Bindewort
Konjunktiv	Möglichkeitsform
Maskulin	männliches Geschlecht des Substantivs
Nominativ	1. Fall, Werfall
Neutrum	sächliches Geschlecht des Substantivs
Objekt	Satzaussage, Satzglied im Genitiv, Dativ oder Akkusativ
Ordinalzahl	Ordnungszahl
Partizip Präsens	Mittelwort der Gegenwart
Partizip Perfekt	Mittelwort der Vergangenheit
Passiv	Leideform
Perfekt	Vorgegenwart, vollendete Gegenwart
Personalpronomen	persönliches Fürwort

Plural	Mehrzahl (vgl. Singular)
Plusquamperfekt	Vorvergangenheit
Possessivpronomen	besitzanzeigendes Fürwort
Prädikat	Verb des Satzes
Präposition	Verhältniswort
Präsens	Gegenwart
Pronomen	Fürwort
Reflexivpronomen	rückbezügliches Fürwort
Relativpronomen	bezügliches Fürwort
Singular	Einzahl (vgl. Plural)
Subjekt	Satzgegenstand, Satzglied im Nominativ
Substantiv	Hauptwort, Dingwort, Nomen
Superlativ	2. Steigerungsstufe des Adjektivs oder Adverbs (vgl. Komparativ)
Verb	Zeitwort, Tätigkeitswort

Lösungen zu den Übungen

Übung 1a
was half **an** hour late; **a** shop assistant; need **some** advice; buy **some/ a pair of** shorts; were **(some/a pair of)** striped pyjamas and **(some/a pair of)** woollen trousers; bought **some/a pair of** scissors; **a** hundred times; you don't need **(any)** shorts

Übung 1b
from Switzerland; hates work; half **the** day in bed; all **the** neighbours; for him music and rest; in life; through hell; that Emil; at **the** school down the road; both **the** plants; in hospital, *Am.* in **the** hospital

Übung 2
my family **is**; one **Sunday**; last **February**; one of my **brothers-in-law;** the **potatoes; (some) news;** the **Japanese;** your **glasses;** the **outskirts** of town; her **advice;** popular **doctor; women** and screaming **children;** some of the **furniture;** Dr Speck's **knowledge** of eye problems **is** amazing; lots of **information;** the **doctor's arms;** blue **eyes,** perfectly straight **teeth,** lovely curly **hair**

Übung 3
Which is your yacht; that's **her/it** over there; **my** Uncle Bill gave **her/it** to **me; he** was; **he** fell in love; he made **me; his** two dogs; with **me;** see **them;** waiting for **me;** enjoying **ourselves;** overtaking **us; she** jumped; could stop **her;** jumped after **her; they** managed; had hurt **himself;** both of **us;** he saw **me;** was shocked **himself;** grinned at **each other;** are they **yours;** offered **me; our** Hong Kong branch

Übung 4
1. Which car shall we take – the **red one** or the **blue one?**
2. The toilet is **further/farther** (away) than I thought.
3. Do you know **the injured woman?**
4. My greyhound is getting **thinner and thinner.**
5. **The cheekier** I am to them, **the nicer** they are to me.

Übung 5

1. Your sister swims very **well.**
2. The lamb tastes **horrible/terrible,** but the mint sauce is good.
3. He kicked the chair so **hard** that he broke a leg (his left one).
4. When/If one dog starts to bark, the others join in **automatically.**
5. I'm **slowly** beginning to understand English grammar.

Übung 6

1. Our neighbours play their stereo far too loudly.
2. The pub was really crowded yesterday afternoon./Yesterday afternoon the pub was really crowded.
3. Only then did we realize what we were eating.
4. He goes to bed early sometimes./He sometimes goes to bed early./ Sometimes he goes to bed early.
5. I would never have imagined that he could be so rude.
6. "I don't usually stay out so late." – "Neither do I."
7. I got a phone call from Sydney late last night./Late last night I got a phone call from Sydney.
8. He's probably decided to go to work for a change today./... today for a change.
9. We'll be moving into a new caravan at the end of the month./At the end of the month we'll be moving ...
10. "My wife is a good golfer." – "So is mine."

Übung 7

Sally**'s arguing**/Sally **is arguing;** Sally **always argues;** when she **gets caught;** what she **does;** she **doesn't drink;** she **sells; uses** the money; she**'s trying**/she **is trying** to give; he**'s shaking**/he **is shaking** his head; they**'re opening**/they **are opening** ... and **pouring** (das 'are' braucht man nicht zu wiederholen); **seem** to prefer

Übung 8

we **went;** we **got** there; band **was playing;** people **were singing; was** full; they **didn't seem** to have; you **could** tell; they **were wearing**/they **wore;** people **were lying;** everyone **was having;** we **only had;** it **was** two; we **found;** we **didn't feel/weren't feeling;** we **had** to get up

Übung 9

I've finished; said my wife; did you phone the airport; I replied; we took; and waited for the cab; we haven't forgotten/we didn't forget; I snapped; I've thought/I thought; did you turn; before we left; we finally arrived; I did; I suddenly heard; what's happened/what happened; the handle's come off/the handle has come off; we pushed it; it was our turn; I heaved; and watched; the steward checked; there haven't been any; you've done/you did it; and hit me; I spent; she enjoyed the sun

Übung 10

you will have/you're going to have; what's going to happen; you leave; you will meet/you're going to meet; I'm flying back; my plane leaves; when you see; you'll forget; I'm having lunch; you'll ask/you're going to ask; she's doing; Mary will kill; nobody will tell/nobody's going to tell; I won't be able to look; you will; you're going to be promoted; what I'm doing tonight; I'm going to faint; Madame Mascura is meeting us

Übung 11

– Did you know you were driving on the wrong side of the road?
– No, I didn't.
– That kind of thing doesn't often happen ... The man in the Jaguar didn't think it was very funny.
– But I didn't do it on purpose.
– That's not/That isn't the point. British drivers can't handle maniacs ... They don't want the roads ... If the other driver hadn't reacted ... you might not be alive today ... Jaguars don't come very cheap ... Had you thought of that?
– No, I hadn't.
– Have you (got)/Do you have anything else to say?
– I don't exactly know ... I won't do it again and I won't forget ...
– ... we're not going to/we aren't going to lock you up and I don't intend to inform ... I don't want to spoil ... you can't object to paying ...
– I certainly can't ...
– And don't forget this ... we don't drive ...
– I won't forget that ...
– ... make sure you don't get ... I wouldn't like to see ...

Übung 12

suddenly **I was approached by a beautiful young Arab girl** and **told** to fol-low her; **we were let in by a small boy and led** up some stairs; **I was told to sit down by an old white-haired man; I was joined by the girl; I would be taken** anywhere; **I was woken up by a sharp pain in my side; I was dazzled by a blinding light;** I think **you were locked in; all the lights have got to be switched off**

Übung 13

1. I heard her **crunching** her crisps all through the film.
2. **Having broken** both legs, he couldn't play football with us.
3. He just sits around all day **moaning** about everything.
4. She came **stomping** down the stairs like an elephant.
5. **Having** five TV sets, we all live together quite peacefully.

Übung 14

he asked **if/whether that was in the centre of town;** I said I **had no idea;** I **had never been there** before; asked if I **expected him to know where it was;** he asked if **I realized how many roads there were/are in London;** told me he **had only started work as a taxi driver;** said **(that) he had been a long-distance lorry driver;** he **could tell me** every motorway café; I said I **didn't want to go;** he **did;** he told me **to get out;** he **was going to have** some lunch

Übung 15

1. Come here!
2. You sit down here while I get the tea.
3. Don't do it!
4. Go away, will you!
5. Switch the television off now, will you?
6. You do your homework straightaway!
7. Never talk to strangers.

Übung 16

1. She left the baby in the garden.
2. Please let me stay!
3. Don't let the hamster out!
4. He left school last year.
5. You left me in the lurch.
6. They won't let him fly./He isn't allowed to fly.
7. Never/Don't ever let her into the house!
8. Leave him alone.

Übung 17

1. It's time he **came** home.
2. **Bless** you!
3. I suggest that he **(should) apply** for university.
4. If I **were/was** her, I'd divorce him straightaway.
5. I wish the dog **weren't/wasn't** so noisy.

Übung 18

A4, B3; C5; D2; E6; F1

Übung 19

can you drive/**are you able to** drive; **I could** fly/**I was able to** fly; **you mustn't** be offended; continentals should**n't**/should **not be allowed to use;** you**'re not allowed to** drive; that **may/might** be true; you **might/may** be frightening; what they **can do** and what they **can't do;** but I **mustn't** forget my duty; **I might tell you;** I **mustn't** waste; I **won't be able to** get; you **can** always contact me

Übung 20

you **don't have to** start/you **needn't** start apologizing; you**'ve always got to be** late/you **always have to be** late; you **should** see/you **ought to** see; I thought I **was supposed to** take/I **was to** take; I **must** have misunderstood; you really **should** try/you really **ought to** try; I **was to** take; who**'s supposed to be** too ill; you really **don't have to** go/you really **needn't** go; you **must** know; you**'ll have to** choose; I **must have been** crazy; I**'ve got to** go/I **must** go; I**'ve got to** pick my dad up; I**'d have to** clean out

Übung 21

running from shop to shop **buying** presents; imagine **having** to get; in constant fear **of being told;** it's bad enough **finding; to last** him; no good **at fixing;** no use **giving** him; enjoys **taking;** is incapable **of handling;** aren't very keen **on reading;** can't afford **to have;** so busy **trying** to find; forgot **to buy;** she stopped **talking** to me; I always looked forward to **celebrating;** can't stand **having** to rush; I remember **reading;** instead **of giving;** used to **hold** three-day feasts; I'm considering **ordering**

Übung 22

lady **who/that** has just got; **which** she got; **which** I think; exactly **what** she wants; the Porsche **(that/which** bzw. **that/who/whom)** she has just over-taken

Übung 23

a few/some months ago; **a bit of/a little/some** trouble; **somewhere** in the cellar; have **much** time; saw **somebody/someone;** having **a lot of/lots of** fun; so **many** people; I had **little** choice; just **a few** days later; didn't cost **much;** if **anyone/anybody** asks; very **few** people

Übung 24

1. They're still **at** school but they'll be back **by** four at the latest.
2. We're flying **to** Tokyo tomorrow afternoon.
3. There isn't too much left **in** my bank account.
4. Did you see him **on** television last night?
5. Could you say that **in** Spanish?
6. She went **by** train and then did the last bit of the journey **on** foot.
7. It happened **at** night, but we only realized it **in** the morning.
8. Why don't you hang up some pictures **on** the wall?

Übung 25

1. two thousand and thirty
2. seventy-eight
3. thirteenth
4. fourth
5. forty
6. britisch oh-one-four-three-seven, amerikanisch zero-one-four-three-seven
7. three-double six (*oder* six-six)-eight-nine-one
8. fifteen-love
9. sixteen (hundred and) eighty-nine
10. a/one billion

Register